MW01103339

México, D.F. Oct 2008

África
La juerga de los polichinelas
Un hombre sensible

África
La juerga de los polichinelas
Un hombre sensible

ROBERTO ARLT

Arlt, Roberto
    África. La juerga de los polichinelas. Un hombre sensible. -
    1ª ed. - Buenos Aires: Losada, 2004. - 160 p.; 18 x 12 cm. -
    (Biblioteca Clásica y Contemporánea Losada Clásica; 672)

    ISBN 950-03-0602-6

    1. Teatro Argentino. I. La juerga de los polichinelas.
    II. Un hombre sensible. III. Título
    CDD A862

LOSADA CLÁSICA

1ª edición: septiembre de 2004

© Editorial Losada S.A.
    Moreno 3362
    Buenos Aires, 2004

Tapa: *Peter Tjebbes*
Composición: *Taller del Sur*

Índice

África

Drama en cinco actos y un exordio al uso oriental.

Personajes del drama*

Baba el Ciego
Vendedor de alfombras
El Mockri
Aischa la esclava
Hussein el Cojo
Rahutia la Bailarina
El Padre de El Mockri
Axuxa la Carbonera
La Madre de Axuxa
Vendedor de miel
Carbonera
Quesera
Casamentero
Ocioso
Un negro
Vendedor de agua
Tabernero
Curtidor
Vendedor de té
Mercader
Menelik el Negro
Criado de Menelik

* Se ha conservado la ortografía de nombres propios de la edición original utilizada. [N. del E.]

Ganan el Jorobado
Menana la esclava
Salem el Eunuco
Dos Corredoras
El Hermano de El Mockri
Mahomet el Platero
Ibraim, dependiente de Mahomet el Platero
El Verdugo
Fruteras
Curtidores
Queseras
Teñidores
Metalistas
Campesinos
Soldados españoles
Gendarmes
Indígenas
Turistas europeos

Exordio al uso oriental

Tetuán, Marruecos. Época actual.
Puerta de Bab el Estha. Fino arco festoneado de la-
drillos. Túneles de penumbra, de bóvedas encaladas.
Cruzan sombras blancas bajo los farolones de bron-
ce, labrados al modo oriental. Vacilante aparece el cie-
go Baba, *tanteando con su mano el pilar de la Puerta.*
La verdosa luz del farolón suspendido sobre su cabe-
za proyecta la sombra de su descomunal estatura en el
triangular pavimento del zoco, emporcado de rosas
podridas y cáscaras de melones. Ha sido día de mer-
cado. Baba *viste andrajosa chilaba negra, turbante*
obscuro, manchado de yeso; está descalzo. Bajo el so-
baco sostiene un tamboril en forma de florero.

Baba: ¿Es de noche o es de día? ¿Es de noche o es de
día?

Transeúnte: ¿Eres ciego tú? *(Sigue de largo.)*

Baba: En nombre del Clemente, del Misericordioso,
¿llueve o no llueve? ¿Relumbra el sol o luce la luna?
¿Es de noche o es de día? ¿Es de noche o es de día?

Varios artesanos se hartan de pescado en el pues-
to de un curdo; rodean a Baba.

Campesino: Un jefe de conversación. Escuchémoslo.

Baba: Escuchad la palabra del Corán, a través de los labios de un ciego: "Nada hay tan loable como elevar la voz y convencer a los hombres y poder exclamar: yo soy un buen musulmán".

Silenciosamente se acercan al jefe de conversación los ociosos del zoco. Tahoneros manchados de harina, vendedores de agua con un odre enjuto al flanco, curtidores, esterilleros, tintoreros de brazos manchados de azul y amarillo. Algunos se cubren con turbantes, otros con feces, algunos con redecillas de conchas marinas. Baba tabletea en su tamboril con la yema y los nudillos de los dedos.

Baba: Escuchad al ciego Baba, creyentes ecuánimes. Habla un árabe morigerado. Jamás bebió vino ni mordió carne de puerco. Escuchad al ciego prudentísimo. Tú, comerciante, que tienes los oídos taponados de cera, quítate la cera de los oídos. Abandona tu mostrador. *(La concurrencia se sienta en cuclillas en torno de* Baba, *que tabletea en su tambor.)* Baba el Ciego beneficiará tu entendimiento con una historia terrible. Campesino del Borch, apártate de tus legumbres. Carbonera del zoco, deja de quitarte la carroña que tienes entre los dedos de los pies. Escúchalo a Baba, el enemigo de los perros judíos y de los perros cristianos. Que Alá, el muy piadoso, el muy Clemente, les agusane los sobacos. *(Redobla en su tambor mientras nuevos curiosos se agregan al círculo.) Voy* a narrar la sangrienta historia de Hussein el Cojo y de Axuxa la hermosa, que ocurre en Dismisch esh Sham. Y también la historia de Rahutia la Bailarina, de El Mockri y de su hermano. Y la suerte que corrió Mahomet el Platero. Muchos sucesos gustoso voy a narrar. Escuchad cuidadosamente a Baba el Ciego, porque no volveréis a oír a otro jefe de conversación tan sabio y morigerado como yo. He ido tres veces a La Meca. Jugador de tu hacienda, apártate de los dados. Vendedor de agua, apártate de la ramera. Escucha al ciego virtuoso y tus negocios prosperarán. *(Tabletea nuevamente en su tamboril.)* Acude a la miel poética, benévolo musulmán. Detente, traficante de ganado. Detente, quesera. Ven aquí, carbonero. Cuento la historia auténtica que comienza en la terraza de la finca de Rahutia la Bailarina. El misterio de una doble venganza. El destino cumplido. Quítate la cera de los oídos, mercader codicioso. Tu limosna te cerrará una de las siete mil puertas del infierno. Haced un círculo en torno de Baba. Poned el trasero sobre las piedras. Mi cuento es más sabroso que la pata de camello hervida en leche agria. Mercader prudente, escucha al ciego. Cuando entres en el harén, tu cuarta esposa te dirá: "Antes de acariciarme cuéntame una historia, dueño mío". Y tú ¿con qué acariciarás la oreja de tu mujer, si no conoces la historia de Hussein el Cojo y de Axuxa la Carbonera? Quitáos la cera de los oídos, ecuánimes creyentes. No escupáis sobre las cabezas de vuestros vecinos. No os busquéis piojos en las barbas. *(Bate el tambor.)* Comenzaré, comenzaré... que comienzo...

Un Gendarme *indígena de pantalón rojo, casaca azul y turbante blanco, se detiene frente a* Baba.

Gendarme: ¿No sabes, anciano, que está prohibido por el Califa provocar tumultos junto a la Puerta? Ponte al lado de la fuente si quieres contar historias.

Baba: Guiadme, hermanos.

Los espectadores se ponen de pie y el grupo entra lentamente por el lateral izquierdo del escenario, mientras se escucha la voz de Baba, *que cuenta. En este mismo momento salen de su cabaña del monte, cargadas de carbón,* Axuxa y su Madre y *en este mismo momento un anciano venerable que salió de Tetuán se dirige a la casa de su hijo,* El Mockri, *que conversa con un hombre en la terraza de la finca de* Rahutia. *Lentamente se levanta el telón y aparece la terraza de la finca de* Rahutia, *en Dismisch esh Sham.*

FIN DEL EXORDIO

Acto primero

Al fondo de la finca, la ciudadela amurallada se aplana a los pies del monte, en cuyas crestas se arquea la desolación de las palmeras. Más próximos, recortando la acuidad del firmamento, los almenares de las mezquitas, revestidos de mosaicos que fingen verticales tableros de ajedrez. Más allá, infinito, amarillento, el desierto. El paisaje es abierto, pero sombrío y seco.

La terraza en la casa de El Mockri. *El suelo, esterillado, recubierto de alfombras, colchonetas y almohadones y protegido por un entoldado circular anaranjado, de cuyos brazos de bambú cuelgan lámparas de colores.* El Mockri, *recostado en una colchoneta, fuma una larga pipa turca. Está tocado con turbante y chilaba. Sus babuchas están a la entrada de la terraza. Frente a él, el* Vendedor de alfombras, *también tocado con turbante y descalzo.*

Vendedor de alfombras *(desplegando una pequeña alfombra)*: Tejido en seda sobre malla de hilo. Fresca como una rosa, fina como camisa de mujer del sultán. ¿Te agrada? *(El Mockri mueve negativamen-*

te la cabeza.) ¿Y ésta? es de Mossul, floreada como un jardín.

El Mockri: Puedes hablar.

Vendedor de alfombras: Escucha. Estamos rodeados de espías. Ignoro de dónde han salido. Brotan del suelo como hongos en tiempo de humedad. Tienes que cuidarte.

El Mockri: Ya sé. ¿Las ametralladoras?

Vendedor de alfombras: Llegarán desarmadas en el interior de los ejes de los carros. Las conduce Acmet. Todos los meses se detendrán tres carros que conduce Acmet en el corral de Alí el Negro.

El Mockri: ¿Es seguro Alí?

Vendedor de alfombras: Respondo por él con mi cabeza. *(Bruscamente, en voz alta.)* Contempla, señor, los dibujos de este tapiz del Rabat antiguo. ¡Cuánta severidad en sus contornos, cuánta devoción! *(Deja caer la alfombra y coge otra. Aparece Aischa la esclava, en pantalones, descalza, con un pequeño chaleco. Trae un ramo de flores que comienza a acomodar en un jarrón.)* Observa esta alfombra de Feragan, señor. La trama es de seda, oro y plata. La mujer más virtuosa del Islam perdería la cabeza por ella. Es tan hermosa que yo, personalmente, he visto una serpiente detenerse frente a ella para admirarla. Oro, seda y plata es su trama. ¿Quieres conquistar a la mujer de tu vecino? Envíale una alfombra de Feragan. ¿Quieres enamorar a una doncellita que aún no se atreve a saltar la balaustrada de su terraza? Envíale una alfombra de Feragan. Te la daré regalada, si se considera que su precio, su verdadero precio... *(Se oyen unos aldabonazos en la puerta y sale* Aischa.*)*

El Mockri: Continúa.

Vendedor de alfombras *(en otro tono)*: Escúchame, señor, el hombre de un solo brazo que fríe pescado junto a la puerta de Bab el Estha es un espía de los franceses. ¡Ah, otra noticia! Faragian Al Boud busca tratos con los alemanes. ¡Ah, la plata que secuestres envíala metida en los ejes de los carros!

El Mockri: Vendes mercadería para turistas. ¿Qué te has creído? Tus alfombras están tejidas en Barcelona. *(A la esclava, que aparece en el pórtico.)* Aischa...

Aischa: Señor...

El Mockri: Aischa, no introduzcas más pelafustanes de semejante calaña en mi presencia. ¿No reparaste que este audaz vende mercadería para engañar a forasteros? Sus alfombras pueden adornar la carnicería de un armenio, no la casa de un señor árabe.

El Vendedor de alfombras *enrolla su mercadería aparentemente humillado.*

Aischa: Señor, pregunta por ti Hussein el mercader.

El Mockri: Hussein... ¡Ah, sí! Hazle pasar.

Mutis de Aischa.

Vendedor de alfombras: Continúo viaje para Tetuán. ¿No necesitas nada?

El Mockri: Antes de quince días estaré allá. Vete ahora.

Mutis del Vendedor de alfombras.

Hussein el Cojo entra en la terraza en compañía de Aischa. Hussein *no gasta barba. Lleva en la cabeza, arrollado, un lino turbante de muselina. Ha dejado sus babuchas a la entrada de la terraza.* El Mockri *y* Hussein *se saludan vivamente al modo árabe, llevándose la mano al corazón, a los labios y a la frente.*

Hussein: La paz en ti.

El Mockri: La paz.

Hussein: ¿No me dijiste que vivías en la finca de Rahutia?

El Mockri: ¿La conoces?

Hussein (*al tiempo que él y* El Mockri *se recuestan en la colchoneta*): La he visto bailar en el cabaret.

El Mockri: ¿Te llamó la atención que viniera a la casa de Rahutia?

Hussein: Conozco a su marido.

El Mockri: ¿Lo conoces?

Hussein: De pequeño trabajé en su tienda. ¿Rahutia sigue siendo su mujer?

El Mockri: No. Mahomet la repudió hace algunos años. La acusó de observar mala conducta. No lo creo probable. *(Observando a* Hussein.*)* ¿En qué piensas? ¿Me escuchas?

Hussein: Pensaba en la astucia del Destino. Tú y yo, corriendo por el mundo, y de pronto nos encontramos en la casa de la mujer que fue la esposa de mi amo. A propósito: ¿cuándo vuelves a Tánger?

El Mockri: ¿Necesitas algo?

Hussein: Aún no. Pero mañana, pasado, quizá lo necesite. *(Confidencial.)* ¿Piensas quedarte mucho tiempo aquí?

El Mockri: Hasta ahora he encontrado pretextos para eludir el regreso.

Hussein: ¿Te ascendieron?

El Mockri: Sí. Soy jefe del regimiento negro del Califa.

Hussein: El Califa te ha cubierto de beneficios. Eres un gran señor.

El Mockri: Puedo ayudarte.

Hussein: ¿Sí? Dime: ¿podrías hacerme entrar clandestinamente en Tánger?

El Mockri: Curioso deseo...

Hussein: ¿Puedes?

El Mockri: Creo que sí...

Hussein: No lo olvidaré... Dime: ¿qué hace el marido de Rahutia?

El Mockri: Trafica piedras preciosas. Dicen que en su harén mantiene a siete mujeres.

Hussein: Sus riquezas deben de ser cuantiosas.

El Mockri: Sí. Se murmura que ha obtenido beneficios prestando servicios al gobierno francés... contrabandeando armas para el gobierno francés.

Hussein: ¿Para quiénes, las armas?

El Mockri: Para las tribus del protectorado español.

Hussein: Y los jefes...

El Mockri: Aparentemente están por Francia. En realidad odian a Francia y España. El movimiento nacionalista crece. Trabaja secretamente. La clandestinidad es su propia fuerza. Un comerciante que se establezca aquí al servicio del movimiento nacionalista puede ganar dinero en el contrabando.

Hussein: Tú eres servidor del Califa.

El Mockri: Lo soy, y fiel, pero ¿puedo ignorar lo que ocurre en el Islam? *(Poniéndose de pie violento.)* Escucha. Hasta los ciegos lo ven. España ya no domina al Magrebh. Pierde veintidós millones anuales de pesetas. Francia hace malos negocios aquí. Sólo se sostiene por el terror y por razones estratégicas.

Hussein: Probablemente tengas razón... Tu juego es peligroso.

El Mockri *(imperativo)*: La unidad musulmana es la voluntad de Dios. *(Entra Rahutia. Viste al modo musulmán, con un mantón que la cubre desde la cabeza a los pies, y el rostro cubierto hasta la nariz. Pero ya en el interior se descubre la cabeza y el rostro.)* ¿La conoces?

Hussein *(de pie, a Rahutia)*: Te vi bailar. Tus danzas meten miedo en el cuerpo.

Rahutia: Gracias por el benévolo juicio.

El Mockri: ¿Sabes? Trabajó cuando pequeño en la tienda de tu marido.

Rahutia: ¿Con Mahomet?

Hussein: Sí.

Rahutia: ¿Vendes alhajas aquí?

Hussein: No. Soy mercader de platos de cobre y puñales labrados. Mi tío, a su muerte, me dejó bienes suficientes para comerciar libremente.

Rahutia: ¿Tienes esposa?

Hussein: Aún no me he casado.

Rahutia *(violentamente asombrada)*: Por Ala, ¿qué motivos te asisten? ¿No sabes que es pecado el celibato? ¿Quiénes harán la guerra santa, si los hombres no fecundan a las mujeres?

Hussein: No me casaré hasta que cumpla una promesa.

Rahutia: Importante debe de ser.

Hussein: Sí.

El Mockri: ¿Te separa mucho tiempo de su cumplimiento?

Hussein *(se lleva la mano al cuello y retira un amuleto)*: Léelo. Es del Corán.

El Mockri *(recoge el amuleto y lee)*: "Sin embargo la hora está próxima. Vuelvo a decir que está próxima. Otra vez vuelvo a decir que se te acerca, que está próxima."

Desde lejos, sonora, pero clara, se oye la invitación a la oración última, del muecín. El Mockri, Rahutia y Hussein *se prosternan al modo musulmán y rezan. Luego se ponen de pie.*

Hussein: Mañana es día de mercado. El desierto tomó el color de la piel del león. En los caminos ya se han puesto en marcha los campesinos y sus rebaños. Mañana pasarán por la puerta de Bat el Amara. Así como ellos marchan, así viene el Destino a nuestro encuentro. *(Entra Aischa.)*

Aischa: Un anciano extranjero pregunta por ti, señor.

El Mockri: ¿Un anciano?

Aischa: Le he hecho pasar a la sala de las abluciones.

Hussein: Mañana es día de mercado. La paz en nosotros.

El Mockri: La paz. Ven mañana.

Rahutia: La paz. *(Mutis de Hussein.)*

El Mockri: Déjame, Rahutia.

Rahutia: ¿Vendrás a buscarme al cabaret?

El Mockri: Sí. *(Se saludan al modo oriental. Mutis de* Rahutia. *A* Aischa.*)* Haz subir al visitante.

El Mockri *se apoya en la baranda de la terraza y mira hacia el desierto. Un anciano con la barba hasta el estómago y un capuchón escarlata sobre la espalda entra con digno continente.* El Mockri, *al volver la cabeza, queda paralizado por la sorpresa.*

El Mockri *(corriendo hacia el anciano)*: ¡Tú, padre! *(Le* toma *la mano y se la besa humildemente.)* ¿Tú aquí, padre?

El padre *(sentándose en cuclillas sobre los cojines mientras* El Mockri *permanece respetuosamente de pie)*: Puedes hablar.

El Mockri: ¿Cómo estás de salud, padre?

El padre: Bien.

El Mockri: ¿Y mi madre? ¿Y mi hermana? ¿Y nuestro señor el Califa?

El padre: Tu madre estuvo enferma, pero bebió una página del Corán hervida en leche y su salud se restableció por completo. Al menos ella lo creyó así. Tu hermano ha sido enviado por nuestro señor a El Cairo, en misión secreta. Tu hermana ha dado a luz un niño robusto.

El Mockri: ¿Me permites preguntarte cómo te atreviste a afrontar las fatigas de tan largo viaje? Si te hubieras dignado avisarme habría ido a tu encuentro.

El padre: Esa mujer que salió cuando yo entraba, ¿quién es?

El Mockri: La esposa de un vendedor de seda. Perdona mi indiscreción. ¿Qué es lo que te trae de Tánger tan inesperadamente?

El padre: La necesidad de matarte. Puedes prepararte a rezar la oración del miedo.

El Mockri *(retrocediendo)*: ¿Qué?

El padre: Vengo a matarte. ¿Prefieres darte muerte con tus propias manos?

El Mockri: ¿Cuál es la razón de semejante medida?

El padre: No deberías preguntarlo.

El Mockri: Te ruego humildemente que me informes.

El padre *(violento, poniéndose en pie, pero conteniendo la voz)*: Perro, estás traicionando a nuestro señor el Califa. Traficas con armas para sublevar a las tribus. Secuestras monedas de plata en los ejes de los carros. No sé cómo no te clavo mi puñal en la garganta. Eres más falso que una ramera. ¿Por qué respondiste que esa mujer que salió es la mujer de un sedero, cuando es Rahutia la bailarina?

El Mockri *(solemne)*: Te juro sobre el Corán que ella es inocente de mis tratos.

El padre: Cállate. La cólera del Califa debería caer sobre las cabezas de nuestra familia. Pero los efectos de una buena acción nunca se pierden. Cuando yo era joven fui consecuente con Ililla. Hace un mes Ililla vino a verme. Trajo las pruebas de tu traición. Me olvidaba: En tu finca de Rabat han secuestrado cincuenta mil cartuchos de fusil. Ililla vino y me dijo bondadosamente: Podría hacer cortar la cabeza a ti y a los tuyos. Pero eres inocente. Escucha. Tu hijo subleva a las tribus. Ahora está conspirando en Dismisch esh Sham. Vete a Dismisch esh Sham y mata a ese traidor. Te juro que el Califa jamás sabrá una palabra de lo ocurrido. Dios bendiga la piedad de Ililla. Nos ahorró a todos la vergüenza de un juicio infame.

El Mockri: ¡Alá se apiade de mí!

El padre: Es inútil que trates de eludir la sentencia. Mis hombres vigilan tu casa. Los jardines están rodeados. Elige: ¿Te matas o mando que te maten?

El Mockri: Prefiero hacerlo yo. ¡Ah! Quiero pedirte una gracia.

El padre: ¿Qué?

El Mockri: Autorízame a repartir mis bienes entre algunos creyentes que no me olvidarán jamás en sus oraciones. Hay un hombre por quien siento particular estima. Se trata del ciego Baba. Duerme en el pórtico de la mezquita de Ez Sinaniye. ¿Me permites mandar a llamarlo?

El padre *(después de un intervalo de silencio reflexivo)*: Sí.

El Mockri *golpea el gong.*

Aischa: ¿Me llamabas, señor?

El Mockri: Vete a la puerta de la mezquita de Ez Sinaniye y tráete al ciego Baba.

Sale Aischa.

El padre: ¿Quieres rezar conmigo la oración del miedo?

El Mockri: Padre, perdóname. No soy digno de permanecer a la sombra de tu grandeza. Ahora creo que la paz de Alá estará en mí. Por favor, que jamás mi madre, ni mi hermana, ni mi hermano sepan de la benévola pena con que me castigaste. Dale también las gracias al piadoso Ililla. Te ruego ahora que me dejes solo.

El padre: La paz de Alá estará en ti. *(Señalando al espacio.)* Pronto nos reuniremos allá.

Le da a besar la mano y sale. El Mockri se sienta en la orilla del parapeto. Entra Baba el Ciego acompañado por Aischa. Viste una túnica andrajosa y negra y un turbante tan sucio como aquel con que se nos presenta en el exordio. Va descalzo.

Baba: La paz en ti, poderosísimo señor. Tu casa huele como la arqueta de un perfumista.

El Mockri: La paz.

Baba: Reconozco tu voz. Eres el hombre que siempre que pasa frente a la mezquita deja caer una moneda en mi mano.

El Mockri: Cállate. Entrégame tus andrajos.

Le pone unas monedas en la mano.

Baba: Alá te bendiga por tu munificencia.

El Mockri *(a* Aischa*)*: Trae un espejo. La caja de pinturas de Rahutia.

Aischa sale corriendo. El Mockri comienza a desnudarse. Entra nuevamente Aischa con las pinturas y un espejo. El Mockri continúa desnudándose.

Baba: ¿Vas a fingirte ciego?

El Mockri no le contesta, pero comienza a caracterizarse rápidamente. Aischa sostiene el espejo fren-

te a él. Baba *se desnuda.*

El Mockri: Levanta más el espejo.

Baba: Unos quieren ser ciegos, otros recuperar sus ojos. ¡Qué incierto es nuestro destino!

El Mockri: ¿Por qué te quejas como un perro? ¿Eres ciego de nacimiento?

Baba: No, mi señor. *(Semidesnudo y de pie en el centro de la terraza comienza a narrar.)* Siendo joven y cruzando el desierto de Nefid, caí en manos de una tribu a cuyos miembros mi padre, que era recaudador de impuestos, había tratado con crueldad. Estos hombres, al reconocerme, sin hacer caso de mis protestas de inocencia, me amarraron, de cara al sol, a cuatro estacas, y me abandonaron.

El Mockri *(a Aischa):* ¿Me parezco?

Aischa: Ponte más ocre en la nariz.

Baba: Inútil fue que yo cerrara los ojos. El fuego del sol atravesaba con sus agujas la piel de mis párpados, su fuego entraba en mis sesos. Yo no sabía si estaba dentro del horno de un panadero o si era mi propio cerebro el que ardía con grandes llamas.

El Mockri: Trae su turbante. *(Aischa se lo alcanza.)*

Baba: Varios días permanecí en esta posición, hasta

que comenzó mi agonía. Los reptiles venenosos pasaban sobre mi cuerpo, pero como mis ojos estaban ciegos permanecían inmóviles. No sé si tú sabrás que los animales más feroces no dañan jamás al hombre cuando permanece inmóvil sin mover los ojos. Sudor de hielo bañaba mis miembros. El ángel de la muerte batía sus alas en torno de mi rostro. Pero en la hora que yo sabía que iba a morir, una caravana me encontró en la arena y fui salvado de la eternidad.

El Mockri *(tomando el espejo de manos de* Aischa*)*: Ennegréceme las piernas. *(Aischa le pinta las piernas.)*

Baba: Y después que entré en la noche de la ceguera…

El Mockri: Cállate. Otro día me contarás tus desventuras. *(A Aischa.)* Llévame de la mano como si fuera él. *(A Baba.)* Ya volveremos.

Salen El Mockri *y* Aischa. *El ciego se queda desnudo, en cuclillas, rezando monótonamente. De pronto se oye desde lejos la voz de* El Mockri *imitando la del ciego.*

La voz de El Mockri: Alá cubra de bienes al generoso señor de esta casa, que sus mujeres le den hijos valientes y generosos como su ecuánime padre.

Baba *(meneando la cabeza)*: Alá lo proteja. Un peligro terrible debe de amenazarlo. Con tal que no se descargue sobre mi cabeza…

Baba *se pone de pie y comienza a caminar de un lado a otro, a tientas, con las manos extendidas. Transcurre un instante. Se escucha un portazo. Luego una voz enérgica que exclama:* "¡Traedlo por aquí!" Baba *se sienta precipitadamente en el suelo. Aparece* El Mockri, *aprisionado entre dos asesinos mudos,* El Padre de El Mockri *los guía. Un tercer asesino arrastra a* Aischa. El Padre, *después de despojar violentamente a* El Mockri *de su chilaba y turbante, se dirige a* Baba.

El padre: Escúchame, Ciego: si llegas a decir una sola palabra de lo que has escuchado esta noche aquí no necesito decirte que mandaré matarte. *(A uno de sus hombres.)* Acompáñalo hasta el pórtico de la mezquita de Ez Sinaniye.

Baba, *después de vestirse precipitadamente, sale cogido por un mudo.*

Aischa *(arrojándose a los pies del* Padre de El Mockri*):* Señor, apiádate de mí. Soy una esclava inocente. Déjame ir a mi tierra. No hablaré nunca ni una sola palabra de lo que he visto y escuchado. Compadécete, señor. No hablaré, te lo juro sobre el Corán.

El Mockri *(al* Padre*):* Yo ya no puedo mentir, déjala marchar. Nada sabe. Ni siquiera cómo te llamas.

El padre: Cállate, mentiroso. El que te crea a ti tiene el entendimiento enfermo.

Aischa: Te juro, señor, sobre el Corán que no te miento. No sé quien eres tú y sí sabes quién soy yo. Déjame ir, señor.

El padre *(a un mudo)*: Acompáñala a su cuarto y enciérrala.

Aischa: ¿Me perdonas la vida, señor?

El padre: Sí, vete y olvídate de todo lo que has visto y escuchado aquí.

Sale Aischa *en compañía del mudo, y de pronto se escucha un grito de terror que se agota rápidamente. El Mockri quiere saltar, pero lo tienen bien sujeto. Entra el mudo con su cuchillo tinto en sangre. El Padre se dirige a* El Mockri.

El padre: Hay crueldades inevitables. *(A sus hombres.)* Acompáñenlo. Que se lave, que se vista con sus mejores ropas, que se perfume. Ninguna señal de violencia tiene que marcar su cuerpo.

El Mockri: ¿Qué muerte me vas a dar?

El padre: Te haré ahorcar. Todos creerán que te has dado muerte con tus propias manos. Llevadlo. *(Salen los mudos con* El Mockri, *y El Padre se sienta en cuclillas y empieza a orar.)* En nombre del Clemente, del Misericordioso.

TELÓN

Acto segundo

ESCENA

La Puerta de Bab el Amara en Dismisch esh Sham.
Arcos de ladrillo, paredes encaladas, suelo de guijas de río, callecitas transversales como túneles donde flota una atmósfera azulada.
Los mercaderes y campesinos del zoco, sentados en el suelo, en cuclillas, con la mercadería a sus pies. Una multitud de esclavos, de negros, de árabes, de campesinos, notarios, extranjeros, mujeres embozadas, judíos con hopalanda y gorrito de seda negra, prostitutas con chinelas amarillas, plateadas y doradas. Asnos y alguno que otro raro caballejo escuálido. Terrados donde se ven jugadores y bebedores de té. Mercaderes de seda, fundidores de plata, curtidores, tahoneros, encantadores de serpientes, esgrimistas de palo, prestidigitadores, narradores de cuentos, carboneros, vendedores de flores, queseros, soldados españoles. Los barberos afeitan en las puertas de sus tendecillas. Circulan vendedores de agua, descalzos, con pellejos que cuelgan al costado, señoras extranjeras con un niño árabe que les sostiene una sombrilla sobre la cabeza, comerciantes musulmanes vestidos a la europea con un fez rojo, vagabundos descalzos, mozos de cuerda, vendedores de

miel. En los atrios de las tendecillas se ve a los esterilleros trabajar ayudados por niños, sastrecillos con turbantes grandes como ruedas de molinos en tiendas muy altas sobre el nivel del suelo. De lejos llega una canción árabe.

Avanzan hacia la Puerta de Bab el Amara dos campesinas del valle de Ghuta. Las piernas protegidas hasta las rodillas por pieles de cabra vueltas al revés, pantalones rosados y verdes. Se envuelven de cintura para abajo en una saya abierta adelante, rayada verticalmente con rayas rojas y blancas. Llevan chalecos recamados y calzan almadreñas. Ambas se cubren con enormes sombreros. Van embozadas al modo musulmán hasta la nariz. A las espaldas llevan dos altas pilas de carbón, amarradas a las axilas de manera que los brazos les quedan libres. Justamente al llegar frente al arco de la Puerta de Bab el Amara, una de las campesinas cae desmayada. La otra se arrodilla y, levantando la cabeza de la desvanecida, trata de reanimarla.

Campesina: Socorredme, musulmanes.

Alborotados acuden los ociosos de los alrededores.

Vendedor de miel: ¿Qué ocurre, hermana?

Carbonero: ¡Por Alá! ¿Está muerta esa muchacha?

Quesera *(abriéndose paso a codazos)*: Paso, paso. *(A la* Campesina.*)* Quítale el embozo.

Casamentero: Cierto, quitadle el embozo; así podrá respirar.

Quesera *(inclinándose sobre la caída)*: Ábrele la chaqueta. *(A la* Campesina.*)* Déjame, hermana. *(Al* Casamentero.*)* Mueve las manos tú, que alardeas de jugador mañoso. Quítale la carga.

El Casamentero *comienza a desuncir a la muchacha.*

Casamentero *(a la* Campesina*)*: Las has cargado como a una mula.

Ocioso: Son otra cosa que mulas estas mujeres.

Vendedor de miel: La vi caer...

Quesera *(al* Ocioso*)*: Que Alá te cubra de pústulas la lengua, desalmado, hijo de perra. ¿Cómo quieres que se gane la vida la muchacha?

Ocioso: Cállate, hedionda.

Quesera: ¿Hedionda yo? ¿Y tú a qué hueles? A orines estancados.

Un negro *(a la* Quesera*)*: ¿Quién te llamó hedionda?

Quesera: Vete al puesto. Vigila que no te roben los quesos. *(El* Negro *se marcha dócilmente.)*

Aguatero *(a la* Quesera*)*: ¿Quieres agua, Menana?

Quesera: Dame el odre. *(El* Aguatero *se lo alcanza.)*

Aguatero: ¿Qué ocurre con esa muchacha? ¿Se ha caído de encima de un camello?

Casamentero: Se ha desvanecido.

Campesina *(sacudiendo a la caída)*: Despiértate, Axuxa, despiértate. Ya hemos llegado, hija.

Casamentero *(a la* Campesina*)*: No te escucha ni está dormida.

Quesera *(derramando agua sobre la cabeza de* Axuxa*)*: No es la primera muchacha a la que veo caer. *(A la* Campesina.*)* ¿Venís de lejos?

Campesina: Desde Baba el Cheij. Una noche de camino.

Vendedor de miel *(a un* Tabernero*)*: Algunas caen y no se levantan más. El corazón se les revienta y la sangre no les sale por la boca. Pero están bien muertas.

Tabernero *(a la* Campesina*)*: Tu muchacha no está muerta aún.

Casamentero: Es muy joven para cargarla con tamaño bulto. ¡Por Alá! Y ¿cómo es que no la has casado aún? Su rostro es bonito. Acabo de tocar sus pechos y parecen dos manzanas.

Vendedor de miel: No lo dudo. La nariz, por lo que se ve, es perfecta.

Tabernero: No te fijaste en las pestañas. Son dos abanicos de sombra.

Casamentero: Ya se mueve más desahogadamente la tabla del pecho.

Quesera: Apenas le latían las venas antes. Ahora su sangre corre más aliviada.

Curtidor: Ponle este hueso de santo bajo la nuca. Verás cómo despierta.

Campesina: Dame el hueso.

Quesera: ¿Santo muy grande era?

Curtidor: Tan venerable que tenía los pechos de mujer y el vientre de hombre. Resucitó a un niño muerto y escupía bolas de ámbar.

Casamentero: Entonces gran santo debe de haber sido. Deja que yo le pondré el hueso.

Tabernero *(al* Vendedor de miel*)*: No debe tener más de catorce años.

Campesina: Despiértate, Axuxa, despiértate. No la asustes a tu madre.

Tabernero: Si la otra luna no hubiera mercado un asno, compraba a esta muchacha, y hubiera tenido mujer y asno.

Vendedor de miel: Ahora te parece hermosa. Dentro de algunos años estará más arrugada que una nuez. Tendrá los ojos legañosos y, vomitará como un perro indigestado.

Curtidor *(al* Vendedor de miel*)*: Semejante vida destrozaría a un gigante. ¿Cuándo no a una mocita? *(Al* Casamentero.*)* No me pierdas el hueso.

Quesera *(friccionando a la caída)*: Tierna y jugosa es tu hija. Aquí puedes encontrarle marido y dote.

Campesina: Hay tanta hambre en el monte que ningún mozo toma mujer.

Juntos avanzan Menelik el Negro *y un gigante africano, revestido de chilaba amarilla y fez rojo. Sobre su cabeza, un criado desarrapado sostiene un quitasol rosado. Lo acompaña* Ganan el Jorobado, *doblemente jorobado de pecho y espalda. El jorobado se adorna con un turbante inmenso, semejante a la rueda de un molino. Ambos calzan babuchas.*

Menelik *(mirando a la caída y dirigiéndose a* Ganan*)*: Mira, Ganan: una perla en el fango. *(Autoritario.)* ¿Qué ocurre aquí, hermanos?

Carbonero *(servil)*: Esa muchacha del valle, al llegar

a la puerta, se ha desvanecido, posiblemente a causa de la fatiga.

Menelik: ¿No te parece hermosa?

Ganan: Está más sucia que una perra perseguida por treinta podencos. Mira sus manos. Parecen labradas en la corteza de un alcornoque.

Menelik: Fíjate en su rostro. Parece tallado en una dulce almendra. ¿Y sus senos? Mira sus senos. Tienen la misma forma de los duraznos. Debe de ser hija de árabes.

Ganan: No te fíes de los árabes. Son todos ladrones de caminos, holgazanes, pérfidos. Cuando no roban, asesinan; cuando no asesinan, conspiran contra nuestro señor el Califa.

Menelik: ¿Y sus piernas? ¿No te engolosinan sus piernas? Mira cuán correctamente formadas están.

Ganan: Debe de tener los dientes podridos y el aliento hediondo.

Menelik: A pesar de tus reparos me gusta esta muchacha. *(A la* Campesina.*)* Escúchame, mujer. *(La* Campesina *no lo escucha.)*

Ganan: No te muestres interesado; si no, te costará más dineros que un camello.

Tabernero: Ya despierta. Al fin...

Vendedor de miel: Cierto. Levanta la cabeza.

Campesina: Despiértate, hija. Abre los ojos a la luz.

Carbonero: No era de gravedad su mal.

Curtidor: La benefició el hueso del santo. *(Al* Casamentero.*)* Dame mi hueso.

Casamentero: Guárdalo con prolijidad.

Axuxa *termina de sentarse en el pavimento. Mira alrededor estúpidamente. Sin embargo, al darse cuenta de que su rostro está descubierto, con un movimiento de instintivo pudor se lo cubre.*

Campesina: ¿Dónde estuviste, hijita? ¿Con los genios del valle? ¿Viste perros o demonios mientras dormías?

Axuxa: Tengo sed.

Campesina: ¿Te duelen los huesos? *(Axuxa mueve la cabeza asintiendo.)* ¿No quieres mover el vientre, desahogar el estómago? *(Axuxa niega con movimientos de cabeza.)*

Quesera: ¿No te apetece una taza de té?

Vendedor de té *(con la cocinilla cónica de bronce, amarrada a la espalda)*: ¿Quieres té verde?

Quesera: Sí, dame un vaso.

Vendedor de té *(después de abrir la espira de su tone-*
lillo y llenar un vaso): ¿Qué ocurrió?

Casamentero: Esta Carbonera se desvaneció a consecuencia de la fatiga. Pero Mahomet el curtidor tenía
el hueso de un santo y la ha beneficiado tan a punto
que cuando el hueso estuvo junto a su cabeza la vida
volvió a ella.

Vendedor de té: También es bueno un Corán para los
desvanecimientos.

Quesera *(alcanzándole el té a Axuxa)*: Bebe.

Vendedor de té: ¿Te agrada? *(Axuxa mueve la cabe-*
za asintiendo.)

Casamentero *(a Axuxa)*: La menta y el cedrón te des-
pabilarán, mocita.

Menelik *(nuevamente a la Madre de Axuxa)*: Escúchame, mujer.

Quesera *(a la Campesina)*: A ti te habla. *(La Campe-*
sina mira a Menelik.)

Menelik: Te compro a esa muchacha y no me opon-
dré a que tú entres en mi casa una vez al año.

Alrededor, los espectadores menean la cabeza ad-
mirando su ecuanimidad.

Vendedor de miel *(a la* Campesina*)*: Te habla Menelik el Negro, honestísimo mercader de tapices. Su tienda parece el jardín de los encantamientos. Tu hija no sufrirá fatigas sino delicias sobre las alfombras de su harén.

Ganan *(después de apartarse a una razonable distancia de* Menelik*)*: Mujer, tu muchacha, a pesar de que tiene las apariencias de una hembra quejumbrosa, no debe caer entre las manos de este dragón. Por lo tanto, honradamente, a la luz del sol, te ofrezco cien monedas de plata por ella.

Carbonero *(a la* Campesina*)*: El que acaba de hablarte es Ganan el Jorobado. Vende especias en el zoco, canela, azafrán, vainilla y cinamomo. Ha ganado fama de que nadie roba con tanta perfección en la balanza como él. Por lo tanto será rico en oro muy pronto.

Menelik *(a la* Campesina*)*: Hermana, el Profeta nos concede asistir a los sucesos más inverosímiles. Ese jorobado que ofrece cien duros por tu hija, cuando llegamos a la puerta y vio a tu muchacha caída dijo, y todos pudieron escucharlo: "Está más sucia que una perra perseguida por treinta podencos."

Criado de Menelik: Con esas mismas palabras insultó a tu hija.

Menelik: Y después agregó: "Sus manos parecen talladas en la corteza de un alcornoque."

Criado de Menelik: Estoy dispuesto a prestar testimonio ante el Califa, de que ese hombre pronunció tales palabras.

Menelik: En consecuencia, ¿cómo puedes escuchar las propuestas de un deslenguado de corazón tan insensible?

Curtidor: Has hablado como un libro, Menelik.

Ganan: Yo no dije que parecía una perra. Dije que parecía una perla rodeada de treinta perros negros.

Menelik: Ya te daré a ti, por llamarme perro negro. *(Dirigiéndose a la* Campesina.*)* Hermana, este hombre es muy hipócrita. Te daré yo los cien duros y además un par de babuchas para cada uno, de tus parientes. Y podrás venir a comer a mi casa.

Ganan: Escúchame, mujer del valle. No vendas tu hija a este negro. Las dos mujeres de su harén están más flacas de hambre que camellos después de la travesía del Sahara.

Menelik: Si este hombre conoce a las mujeres de mi harén, señal es de que está castrado.

Casamentero *(subiendo al poyo que está junto a la Puerta)*: Escúchame, mujer. Has llegado a la Puerta de Bab el Amara con la mirada de Alá fija en ti. Dos solemnes bribones, quiero decir: dos ecuánimes creyentes, se disputan a tu hija.

Menelik: No prestes oídos a ese impostor, campesina. Se beneficia jugando a los dados con forasteros ingenuos. Revísale los bolsillos y los encontrarás cargados de mercurio.

Todos: Dejad hablar al honrado casamentero.

Ganan: Escucha mi advertencia, campesina. No trafiques con la sangre de tu sangre. El día del juicio final se te aparecerá el Ángel de la Muerte y te preguntará: "¿Por qué comerciaste con la virginidad de tu hija? ¿Por qué se la vendiste a un negro belfudo que escondía el pan bajo siete cerrojos y medía el arroz en una balanza de astrólogo?"

Menelik: ¡Hijo de una perra!

Se abalanza a él. Los ociosos se interponen riendo.

Tabernero: Déjalo.

Aguatero: Quédate en tu lugar. Las palabras duras no rompen los huesos.

Ganan: Ved su estampa. Él está gordo como un eunuco, pero mirad a su criado. Lo único que le falta es que lo unten con aceite para parecer un camello carnoso.

Criado de Menelik: El que parece un camello con lepra blanca en las jorobas eres tú, desenterrador de muertos. ¡Qué más quisieras que parecerte a mi señor en lo limpio, y a mí en lo bien alimentado!

Menelik *(a su* Criado*)*: Muerde, Mahomet, muerde.

Criado de Menelik: Eres más venenoso que un escupitajo del diablo. Seguramente en el infierno tuvieron asco de verte y te echaron a puntapiés. Si yo fuera mi señor, te despojaría de tu piojosa chilaba y mostraría a estos honrados mercaderes tu cuerpo más sucio que el de un pordiosero. Mi amo, que es un hombre moderado, no te lo ha dicho, pero te lo diré yo. Tu aliento es más hediondo que un cesto de huevos podridos.

Menelik: Muerde, Mahomet, muerde.

Criado de Menelik: Antes de dirigirte a nosotros lávate la boca y cámbiate esa chilaba por aquella con la que mendigaba el ladrón de tu abuelo, con la que adjuró de su religión el falsario de tu padre, con la que batía manteca la grosera de su madre...

Menelik: Muerde, Mahomet, muerde...

Criado de Menelik: Aún no te he dicho ni la mitad de lo que pienso de ti, ni del forajido de tu padre, que no está aclarado si eres un beduino, un turco o un curdo, aunque es posible que seas hijo de los tres y de un cuarto que no nombro por respeto a los presentes.

Ganan: Vosotros sois testigos de la gravedad de las injurias que me ha dirigido este lameplatos. Os haré deponer ante el Cadi.

Casamentero *(a los contrincantes)*: ¿Os habéis injuriado a satisfacción? Comenzaré yo ahora.

Menelik *(a la* Campesina*)*: Ten cuidado con ese buitre.

Ganan: Fíjate en la conducta que observa. No tengas que llorar después como la viuda despojada.

Quesera: No escuches al jorobado ni al negro. Son dos osos disputándose un panal de miel.

Casamentero *(a la* Campesina*)*: Deja tus negocios en mis manos hermana. No te arrepentirás.

Quesera *(a la* Campesina*)*: Ten confianza en él. *(Tomando de un brazo a* Axuxa.*)* Ponte de pie, hija mía.

Campesina: Sí. Los que te apetezcan para esposa o esclava que te examinen, y te pagarán. *(Axuxa se pone de pie junto al* Casamentero.*)*

Casamentero: Honestos mercaderes, probos comerciantes, Alá, el muy Clemente, el muy Misericordioso, ha dejado caer sobre la puerta de Bab el Amara una rosa del jardín de sus huríes: Axuxa la Carbonera. Menelik el Negro y Ganan el Jorobado, satisfactorios vecinos de este zoco, ofrecen respectivamente cien duros assani, de dote, por ella. Una virgen siempre vale mucho más que cien duros. *(Paternal, dirigiéndose a* Axuxa.*)* Hija mía, ¿has tenido trato alguna vez con algún hombre? *(Axuxa mueve negativamente la cabeza.)* Doy testimonio, benévolos creyentes. Es rigurosamente virgen. Una virgen siempre alegra el corazón de un hombre que peina barbas. Sin aludir a las virtudes de ninguno de los presentes, un negro o un jorobado pueden darse por muy satisfechos con ella. Además no tienen ningún diente podrido y sus muslos he podido apreciar que están graciosamente torneados como los colmillos de un elefante. Ecuánimes creyentes, elevad vuestra oferta de dote, que el beneficio que ella os puede producir duplicará muchas veces lo que habréis gastado. Cada una de sus piernas vale cien duros.

Menelik: Doy ciento diez duros, pero retiro la oferta de las babuchas para los parientes.

Ganan: Ciento diez duros y un par de babuchas para cada uno de tus parientes.

Casamentero: Ella es más sabrosa que un dátil de Mussein, más jugosa que un naranjal. Sus senos son dos manzanas de oro. Mirad sus pechos, ecuánimes creyentes. Uno es la fuente de la leche, el otro el surtidor de la miel, entre ambos el cántaro de la sabiduría. Observad sus dientes. Parecen tallados en nácar. Levantad la dote, piadosos musulmanes. No olvidéis que ella es para los vigorosos creyentes semejante a la pradera de flores que el Profeta *(todos se persignan)* ha prometido a sus más celosos devotos. Una vez que la hayáis enjabonado, despiojado y bañado y que esté perfumada y revestida de gasa y sedas, creerías estar en presencia de una de las vírgenes que el Profeta *(vuelven a persignarse todos)* ha prometido a los que mueren por la Fe. Mirad su cabellera. Es más tupida y larga que la cola de una yegua salvaje. Huele como la noche y el desierto.

Menelik: Ciento diez duros y además un par de babuchas para cada uno de tus parientes.

Ganan: Ciento veinte duros sin babuchas. *(A la* Campesina.*)* Tus parientes deben de ser gentes silvestres. No se perjudicarán con caminar descalzos.

Jugador: ¡Oh, musulmanes! Habéis olvidado las palabras del Corán: "Cumplid con vuestros deberes sagrados, con vuestros parientes, sed caritativos con los pobres y los viandantes vosotros los que deseáis las recompensas de Alá. Sabed que todas esas acciones son meritorias a sus ojos". *(Violento, dirigiéndose al* Negro *y a* Ganan.*)* Creéis tú y tú que cumplís con los preceptos del Santo Libro, cuando regateáis a una pobre campesina la dote de su hija y las babuchas para los parientes. Os olvidáis de que el Profeta *(otra vez se persignan todos)* ha escrito: "La usura por la cual el hombre quiere aumentar sus riquezas no producirá nada ante la cuenta de Alá."

Ganan *(dirigiéndose a la* Campesina*)*: Por dejar de escuchar a ese entrometido te daré ciento veinte duros y las babuchas.

Casamentero *(encolerizándose)*: Por el sol y por la luna, por la noche y la mañana, por la sed del desierto y la rabia del perro, ¿qué os habéis pensado tú y tú?

Abre los ojos, mercader taimado, adulterador de balanzas; juzga la estampa de esta muchacha. Tiene las carnes más duras que un albérchigo. Sus ojos son más negros que la piel de Menelik. Sus dientes están sanos. Abre la boca, hija mía. *(Axuxa obedece y el Casamentero mira adentro como un sacamuelas.)* Doy testimonio de que sus dientes son como perlas, sin picadura ni sarro. Doy testimonio de que no tiene mal aliento. Doy testimonio de que su boca es un precioso estuche de terciopelo rojo. Que la sed del desierto os devore las entrañas, usureros empedernidos. *(Los señala a ambos.)* Tú, que eres capaz de echarte a la cama con una leprosa, estás discutiendo sin pudor, duro a duro, la dote de una muchacha que merecería adornar el harén de nuestro señor el Califa.

Menelik: Piénsalo bien, Campesina. Ciento treinta duros y un par de babuchas para ti y cada uno de tus parientes.

Casamentero: Ciento treinta palos te den en la planta de los pies. ¿Qué te crees, que estás mercando una vaca?

Menelik: Más provecho me daría la vaca.

Casamentero: Pues cásate con la vaca, verdugo.

Ganan: Que se me caiga la lengua en pedazos, si te ofrezco más de ciento cuarenta duros. Y sin babuchas. Que tus parientes anden descalzos.

Casamentero: Ten cuidado, Ganan. Escupes al cielo.

Ganan: Juro que no doy más de ciento cuarenta duros.

Casamentero *(a* Menelik*)*: Lo escuchaste. Ha jurado. Ya no puede desdecirse. ¿Y tú, Menelik, te dejarás arrebatar la tierna gacela por ahorrarte un puñado de monedas de plata? Reflexiona, testarudo. Esta muchacha alegará tus días. Te peinará las barbas y jugará entre tus brazos como una cabrita.

Menelik: Que me vuelva ciego y mudo si te doy más de ciento cincuenta duros. Y sin babuchas.

De un recodo de la muralla se aparta Hussein *el* Cojo. *Un dependiente lleva tras él un suntuoso quitasol anaranjado con flecos de oro. Los piojosos se apartan respetuosamente.* Hussein *saluda en torno afectuosamente.*

Casamentero *(corriendo a su encuentro y apartando a la chusma)*: Dejad paso al padre de los pobres, al protector de los huérfanos, al paño de lágrimas de las viudas. Dejad paso al noble elefante. *(Enseñándoselo a la* Campesina.*)* Este es Hussein el Cojo.

Hussein *(al* Casamentero*)*: La paz en ti.

Casamentero: La paz en ti.

Hussein *(a la* Campesina*)*: La paz de Sidhi Mahomet en ti.

Campesina: La paz.

Hussein: ¿Quieres ordenarle a tu hija que me enseñe su rostro?

La Campesina *mira perpleja al* Casamentero, *que sube nuevamente a su poyo.*

Casamentero: Se suspende un instante la subasta. *(A la* Campesina, *en voz alta, para que se enteren todos.)* Este es Hussein el Cojo, rico, joven y noble mercader en platos de cobre y puñales labrados. Contra la costumbre del país, no tiene esposa ni harén. Vive modestamente solo y le sirve un fiel castrado al que heredó de su magnánimo tío. *(La* Campesina *le hace una señal a* Axuxa. Hussein *se acerca. La muchacha le enseña el rostro y luego vuelve a cubrirse.* Hussein *le hace una inclinación de cabeza y se retira unos pasos.)* Magnánimo Hussein, aunque tú no eres de nuestro país, sino que vienes de muy lejos, y posiblemente en tu ciudad, tu honorable padre o tu nobilísima madre te tienen destinada una esposa de fecundo vientre, no dejes por caridad que esta flor del jardín de Alá vaya a marchitarse al harén de estos hombres rapaces.

Hussein *(después de un minuto de silencio)*: Escúchame, mujer, y escúchame tú, Casamentero. Después que termine el trajín del mercado, ven con tu hija a mí tienda del Nakhassin. Pregunta por Hussein el Cojo. Ven. Hablaremos y regresarás feliz a tu cabaña del valle.

Saluda al modo árabe a la Campesina *y la muchacha y se marcha dignamente, cojeando como una garza herida. Cruza la ojiva de Bab el Amara. Durante un instante se ve el quitasol escarlata de su dependiente por encima de las cabezas de los asnos y la neblina de oro que levantan con sus pezuñas los inquietos dromedarios.*

Casamentero *(a la* Campesina*)*: Puedes darle las gracias al muy Clemente y Misericordioso. La palabra de Hussein es tan valiosa como el mismo oro. Alá te ha puesto en camino del más noble y justo de los hombres.

Baja del poyo y ayuda a Axuxa *a bajar.* Menelik *y el* Jorobado *se marchan silenciosamente, en dirección opuesta.*

Mercader *(apareciendo, brusco, tras el arco)*: ¡Hermanos, hermanos, la noticia terrible! *(Todos se vuelven a él.)* El Mockri se ha dado muerte con sus propias manos en casa de Rahutia la Bailarina. Ella y su criada han huido. No se las encuentra en ningún paraje.

Baba *(abriéndose camino a tientas)*: Cuenta…, cuenta…

Mercader: El Mockri está colgado de una viga de su terraza con un palmo de lengua fuera de la boca. Rahutia y la criada han desaparecido.

Quesera: Esa ramera es la culpable.

Carbonero: Sin duda.

*Se escucha el muecín llamando a la oración. To-
dos se prosternan.*

TELÓN

Acto tercero

Sala de abluciones en la finca de Hussein el Cojo.
*El recinto está cerrado por arcos lobulados con can-
celas de hierro dorado, entre cuyas barras luce el jardín empenachado en la distancia de cipreses y en-
cendido por rojeces de naranjos. En el centro de la
sala, una fuente de mármol, en cuya vara de agua
temblequea una magnolia de espuma. Los lienzos de
muro estucado están recamados a la usanza musulmana en arabescos verdes, rojos, amarillos y azules.
A los pies de los zócalos de azulejos, colchonetas de
finas estofas recamadas. En las mesitas, que tienen
la misma altura sobre el suelo que los cojines, nar-
guiles, pipas turcas y cajetillas de cigarrillos. En el
muro del fondo, un estrado de poca altura sobre el
ajedrez que forma el mosaico del piso. El estrado está cubierto totalmente de esterilla y cojines. Sentada
en cuclillas, con pantalones, pantuflas de raso rosa,
corpiño que toma únicamente los senos dejando libre el vientre y el dorso, con el cabello suelto sobre
la espalda,* Axuxa la Carbonera. *Soporta en la mano un tablero cubierto de greda, sobre el cual, con
un punzón, traza signos de escritura.*
Por uno de los lados aparece la esclava Menana,

con un cesto enorme que deja reposar en el suelo. Se quita el embozo que le cubre el rostro hasta la nariz.

Axuxa *(dejando de escribir)*: ¿Vienes del mercado?

Menana: ¿Crees acaso que vengo del paraíso?

Axuxa: ¿No has visto a mi madre?

Menana: Ni a tu madre, ni a tu padre, ni a tu tío, ni a tus hermanas. *(Mirando en derredor y bajando la voz.)* ¡Si supieras a quién he encontrado!

Axuxa: ¿A quién?

Menana: ¿Qué ganaría con decírtelo?

Axuxa *(zalamera y falsa, corriendo a ella y tomándola de los brazos)*: Menana, no seas cruel. Vamos, cuenta. Di, di... ¿A quién has visto?

Menana: No me lo agradecerás...

Axuxa: ¿Quieres un bombón?

Corre al estrado y trae una caja con bombones. La esclava coge uno.

Menana: Podrías comerlos mejores. No digo que éste sea malo. Pero bien sé yo quien...

Axuxa: ¿A quién has visto? Di. *(Imperativa.)* Habla.

Menana: A Menelik.

Axuxa *(asombrada)*: ¿Menelik? ¿Quién es Menelik?

Menana: ¿Cómo? ¿No guardas memoria de quién es Menelik? Dame otro bombón. *(Axuxa le alcanza la caja.)* ¿No recuerdas que Menelik es aquel comerciante que la mañana que tú te desmayaste en la puerta de Bab el Estha quiso comprarte?

Axuxa: ¡Ah..., sí...! Un negro que se injuriaba con un jorobado.

Menana: Alá guarde tu memoria, rosa del Gutha. El mismo. Y ¡qué contento se pondrá cuando yo le diga que lo recuerdas!

Axuxa: ¿Lo llamaban Melenik el Negro?

Menana: ¿Negro? ¿Dices que es negro él? Ciertamente, su piel es obscura, pero de oro puro es todo su cuerpo. ¿No sabes que la muerte del padre lo ha convertido en uno de los hombres...?

Axuxa *(reprochando)*: ¿Y fuiste a su tienda?

Menana: ¿Ir yo a la tienda de un hombre? ¿Crees que he perdido la cabeza? Nada de eso. Lo encontré en el mercado. Fíjate en que su padre ha muerto...

Axuxa: Lo dijiste...

Menana: Y ha heredado de su padre tantas fincas como dedos tienen en los pies y en las manos, y sacos con monedas de oro y además otros sacos con piedras preciosas, que su padre era un muy aprovechado prestamista, y además campos con tantos olivos como pelos tengo yo en la cabeza, y además vacas, camellos, asnos, cerdos.

Axuxa: ¿Eres tú el escribano que tomó memoria de su hacienda?

Menana: Ya no lo llamarán Menelik el Negro sino Menelik el Dorado. Tan joyoso es todo él. En cuanto me vio me reconoció. Eso pinta su natural bondadoso. A pesar de sus riquezas se acercó a conversar conmigo. *(Espiando alrededor.)* Me preguntó por ti.

Axuxa: ¿Que te preguntó de mí? ¿Qué te dijo?

Menana: ¿Qué me dijo? Si lo hubieses escuchado se te llenaría la boca de saliva. ¡Qué gusto hubieras recibido! Comprendí que si tú lo complacieras te cubriría el cuerpo de perlas.

Axuxa: Sus perlas deben de ser tan negras como su piel. Cállate.

Menana: ¿Su piel? Su piel es de oro. Y su aliento de oro. Todo él es de oro, y de plata su barba y de diamante su espalda. Escucha ovejita: también me dijo que la finca que comunica la terraza con la terraza de nuestro amo, está en venta…

Axuxa: ¿Qué me importa a mí?

Menana: ¡Vaya si importa! Si tú aceptaras, Menelik compraría la finca y por la noche, cuando Hussein estuviese dormido, tú podrías encontrarte con él en la terraza.

Axuxa: Cállate.

Menana: También me dijo que te cubriría el cuerpo de telas de oro, que en cada dedo de tus pies y de tus manos te pondría un anillo con una piedra preciosa.

Axuxa: Mientes.

Menana: ¿Mentir yo? ¿Sabes tú lo que es el amor de un elefante por una rosa? ¡Ay, mi racimo de uvas! Si tú le pidieras la luna a Menelik el Negro, Menelik embrujaría la luna y te la traería. Cuando habla de ti, su aliento quema como el de un camello sediento. ¡Ay!

Axuxa: Cállate...

Menana: Nuestro señor no lo alcanza a Menelik ni en vigor, ni en riqueza, ni en grandura tanto así. *(Hace una seña con los dedos.)*

Salem el Eunuco *(entra bruscamente. Lleva medio cuerpo desnudo y turbante. Da la sensación de un monstruo marino, tan inmenso es. Se dirige furioso a* Menana*)*: ¿Qué estás haciendo tú aquí...?

Menana: No chilles. Le preguntaba a nuestra señora si sabía dónde podía estar nuestro señor, porque esta mañana lo buscaba un extranjero.

Salem: ¿Un extranjero?

Menana: El hermano de El Mockri.

Axuxa: ¿Hermano de aquel hombre que el año pasado se ahorcó por culpa de Rahutia?

Salem: El mismo. *(Volviéndose irritado hacia* Axuxa.*)* Ojalá tuvieras tan buena memoria para estudiar el Corán.

Menana: El extranjero me hizo diversas preguntas. Esto me hace suponer que anda buscando el paraje donde se esconde Rahutia. No quisiera estar en la piel de la bailarina.

Salem: Hablas demasiado. A la cocina, a la cocina. *(La empuja hacia afuera.)*

Menana *(saliendo)*: Verás que no me equivoco. Antes de la noche estará aquí el hermano de El Mockri.

Salem: Largo, largo de aquí. *(Mirándola alejarse.)* Jamás he visto entrometida semejante. *(Caviloso.)* ¡El hermano de El Mockri! Seguramente quiere cortarle el cuello a Rahutia. *(A Axuxa.)* Dame la pizarra. *(Axuxa obedece. Salem mira y mueve consternado la cabeza.)* Juro por mi honor de castrado que tu señor es la gloria de la tierra.

Axuxa: Lo es.

Salem *(súbitamente irritado)*: Y tú la bestia más descomunal que he conocido. *(Trágico.)* ¡Pensar que hace un año que estás aprendiendo a escribir! Dime: ¿Qué satisfacciones le das a tu señor? *(Mostrándole la pizarra.)* Mira qué signos dibujas. Mira qué torpes tus manos. Si yo pusiera un pincel en el trasero de un mono con toda seguridad que el mono escribiría mejor que tú. *(Axuxa guarda silencio.)* ¡Y pensar que yo soy tu pedagogo! Con semejantes esfuerzos agradeces los bienes que el señor derrama sobre tu cabeza. Repara en la escritura. Es abominable, ¿Por qué te callas? ¿Por qué no me contestas? Mira qué letras. Así correspondes a los beneficios que te dispensa tu señor. Cuando él te encontró, estabas tirada en el camino como una perra. Él te enseñó a vestirte, a lavarte, a quitarte los piojos, a comer con cuchillo y tenedor. Te ha elevado tanto sobre la gente de tu tribu como el Faraón lo elevó a José. Y, a propósito, dime quién era el Faraón y quién era José. *(Axuxa lo mira sin responder.)* ¡Por Alá! ¿No sabes quién era el Faraón ni quién era José? ¿No te lo narré ayer? Pues bien, escucha y repite conmigo: José era hijo de Jacob y Raquel. José fue vendido como esclavo a algunos madianitas que procedentes de Galaad iban camino de Egipto. Estos hombres vendieron a José a Putifar, jefe de la guardia del Faraón.

Axuxa: Te diré un secreto. Prométeme que lo guardarás para ti para no irritarlo a nuestro señor.

Salem: Te estoy hablando de Putifar y el Faraón...
¿Así me escuchas tú? Deberían darte cincuenta palos
en la planta de los pies.

Axuxa: Escúchame, Salem.

Salem: Te estoy hablando de José y Putifar y el Faraón, y tú seguramente estás pensando en tus bárba-
ros parientes.

Axuxa: Escúchame, Salem. Menana...

Salem: Deja tranquila a Menana. No me traigas chis-
mes de cocina y contéstame: ¿Qué pasó entre José y
la mujer de Putifar? ¡Ah! ¿Qué me decías de Menana?

Axuxa: Menana lo traiciona a nuestro señor.

Salem *(respingando)*: ¿Qué dices?

Axuxa: Menana ha venido del mercado y me ha dicho: Menelik el Negro te cubriría de bienes sí acce-
dieras a encontrarte de noche con él.

Salem *(calmoso)*: Menana es turca. Por las barbas del
Profeta que está escrito que todos los turcos serán
falsos y traidores. Tú debes de ser hija de árabes por
la fidelidad que guardas a tu señor. *(A grandes vo-
ces.)* ¡Menana, Menana! *(A Axuxa.)* Sonríete graciosamente cuando ella entre.

Menana: ¿Me llamabas?

Salem *(mirando cautelosamente alrededor)*: Escucha: Le dirás a Menelik el Negro que si quiere verse con Axuxa debe enviarme una bolsa de monedas de plata.

Menana *(temblorosa)*: Sí, señor...

Salem *(abalanzándose a ella y gritando)*: Perra, hija de una perra, nieta de una perra, ¿así agradeces la bondad de nuestro señor?

Menana: Perdón, perdón...

Salem *(manteniendo estrechamente abrazada a Menana)*: Átale las manos, Axuxa.

Axuxa *recoge del suelo un cordón que ha dejado caer* Salem *y le ata las manos.*

Menana: Perdóname, señor. Perdóname. Él vino a mi encuentro. Yo iba por la feria. ¡Ay... ay... perdóname!

Rápidamente Salem *amarra a* Menana *a una columna de mármol, y coge un látigo que hay sobre un sitial.*

Axuxa *(a Salem)*: Márcale las espaldas, Salem.

Menana: Perdóname, perdón.

Salem: Debería cortarte la lengua para que no hablaras palabras venenosas, cortarte las orejas para que no escucharas a los demonios, mala mujer. *(Estirando la correa del látigo entre sus manos.)* ¿Así le pagas a tu amo la excelente comida con que llena tu estómago de sepulturera? Cuenta, Axuxa.

Rápidamente deja caer el látigo sobre las espaldas de Menana.

Axuxa: Uno, dos, tres, cuatro, cinco. Más fuerte, Salem. Dame el látigo a mí. *(Menana aúlla como si la estuvieran descuartizando.)* Seis, siete, ocho, nueve. ¿Manejo bien el látigo, Salem?…

Salem: Así manejaras la pluma…

Axuxa: Diez, once, doce…

Salem: Basta. *(Axuxa le entrega el látigo. Salem se aproxima a Menana que permanece con la cabeza caída sobre un hombro y comienza a desatarla.)* Vamos. Ahora puedes marcharte a la cocina. La próxima vez que traigas mensajes del mercado te despellejaré viva. *(Menana sale llorando. A Axuxa.)* Y tú no pretendas engatusarme. Estábamos en que Putifar compró a José.

Axuxa *(violenta)*: Cállate, Salem. *(Salem calla.)* Siéntate aquí y escúchame. *(Salem se sienta al pie del sitial.)*

Salem: ¿Qué quieres?

Axuxa: ¿Cómo quieres que yo aprenda con gusto a escribir, a bailar, a leer, si nuestro señor nunca me da un beso? Hace un año que estoy aquí y aún no ha pasado una sola noche en mi alcoba. Y yo lo quiero. *(Enternecida.)* Dime, Salem: ¿qué es lo que tiene nuestro señor contra mí? ¿Le repugno? ¿No le agrado?

Salem: Menuda pregunta me haces tú. Nuestro señor no puede besar ni acariciar a ninguna mujer hasta que no haya cumplido con un deseo de venganza que le ocupa todos sus pensamientos. Él es tan virgen como tú.

Axuxa: No te puedo comprender.

Salem: Tampoco él puede comprender todo lo que sucede en su cuerpo, pero ya le ha dicho un doctor de la ley que hasta que no haya satisfecho su odio la vida no volverá a todas las partes de su cuerpo.

Axuxa *(vehemente)*: Y ¿por qué no se toma venganza…?

Salem: Ya se tomará venganza. No temas. Y será tan terrible que no querrías haber nacido para presenciarla.

Axuxa: Y ¿por qué me compró para esclava? Los hombres no compran esclavas para tenerlas en sus palacios como a hermanas.

Salem: Porque te pareces a su hermana. Eres la única mujer que le recuerda a su hermana.

Axuxa: ¿Es verdad eso, Salem?

Salem: ¿Quieres que te lo jure sobre el santo Corán?

Axuxa: ¡Oh! Entonces quedo tranquila. Me querrá siempre. Yo seré su única esposa y le ayudaré a tomar venganza de su enemigo.

Salem *(poniéndose de pie)*: Sí, pero no sabes la historia de José, del Faraón y de Putifar. Tus cuentas parecen las sumas de un marinero borracho. Si tú quieres estar cerca de tu señor, trata de satisfacerlo. Estudia cuidadosamente los textos sagrados, los nombres de las estrellas, los números de las tablas…

Axuxa: Aprenderé. Pero ¿estás seguro de que cuando haya cumplido su venganza se sentirá inflamado de amor hacia mí?

Salem: Igual que un elefante joven acudirá hacia ti.

Súbitamente se escuchan unos aldabonazos violentos en la puerta. Salem *escapa.* Axuxa *se sienta en su estrado y coge su tabla. De pronto aparecen dos judías vestidas al modo europeo con un artefacto cubierto de un lienzo blanco. Las acompaña* Salem.

Las dos mujeres: La paz.

Axuxa: La paz. *(Se mantiene en su estrado.)*

Salem: ¿No te dije yo, Axuxa, que nuestro señor era la gloria de la tierra? Mira el regalo que te ha hecho. *(Axuxa se precipita hacia el regalo, pero Salem la detiene.)* ¿Qué mujer de tu tribu ha recibido jamás semejantes mercedes?

Axuxa: ¿Qué es?

Salem: Una máquina de coser.

Axuxa: ¡Oh! No es posible..., a ver..., a ver. *(Se precipita a la máquina de coser y la desenfunda.)* ¡Por Alá! *(Se detiene y la mira sorprendida. Se acerca, la toca, retrocede, se agacha y la mira por abajo, apoya la mano en el volante niquelado y la retira precipitadamente cuando el volante gira. Luego se toma del brazo de* Salem *y mira a las mujeres; después se acerca nuevamente a la máquina. Su actitud revela un asombro perfecto y desmesurado.)* ¿Esta es una máquina de coser?

Una mujer: Ahora verás. *(Se sienta a la máquina y le enseña dos pedazos de trapo.)* ¿Ves? *(Cose unos minutos y luego retira los trapos.)* Mira ahora.

Axuxa *(cogiendo los trapos)*: ¡Oh, Salem! Mira: es cosa de magia. Dentro de la máquina hay un genio. De otro modo no es posible. Mira: están cosidos, cosidos de verdad. Cose otra cosa, cose. *(La mujer vuelve a coser y le entrega a* Axuxa *otros dos trapos cosidos.)* Mira, Salem: otra vez cose la máquina. Y el hilo ¿de dónde sale? Y mira: se mueve la rueda, abajo. ¡Oh, es de magia, de magia verdadera! *(Se persigna al modo musulmán. A La mujer.)* Cose, cose otra cosa.

La mujer: Esta máquina, además de coser, borda.

Axuxa: ¿Qué dices?

La mujer: Mira los bordados que he hecho con esta máquina.

> *Despliega unos bordados frente a los ojos de* Axuxa.

Axuxa: Mira, Salem. Mira: me haré todo un vestido así. *(Tristemente.)* ¡Ah, pero a mí el genio de esa máquina no me obedecerá! ¿Qué palabras le dices tú?

La mujer: Yo vendré a enseñarte todos los días.

Axuxa: ¿Y yo aprenderé a coser como tú? ¡Oh, es maravilloso! ¿Y a bordar?

La mujer: Te enseñaré a bordar y a coser. Yo ya le he enseñado a la mujer de Abdul y a la de Mahomet y a las cinco mujeres de Salim.

Axuxa: ¿Cuándo vendrás?

La mujer: Cuando lo disponga tu señor.

Axuxa *(a* Salem*)*: ¿Quieres que te diga quién era José y quién el Faraón? Verás, Salem, qué bonitas letras voy a escribir ahora. *(A* La mujer.*)* Y la máquina ¿borda letras también?

La mujer: También...

Axuxa: ¿Dónde aprendió la máquina a bordar letras? ¡Oh, Salem, mira qué prodigio: la máquina sabe escribir!

Otra mujer: Para que la máquina borde las letras tienes tú que saber dibujarlas.

Axuxa *(a* Salem*)*: Verás qué pronto aprenderé a escribir.

La mujer 1ª: La paz de Alá en tu corazón.

Axuxa: Toma. ¿Quieres un bombón? ¿Tienes hijos?

La mujer 1ª: Sí, señora.

Axuxa: Llévales estos bombones a tus hijos. *(Le da un puñado.)* Que Alá te acompañe en tu camino y te defienda del mal de ojo.

Las mujeres hacen una reverencia frente a Axuxa *y salen acompañadas por* Salem. Axuxa *queda pensativa frente a la máquina, rondándola, mirándola de abajo hacia arriba. Desmelenada, con un puñal en la mano, entra en puntillas* Menana *y se acerca a* Axuxa, *que está de espaldas. Instintivamente* Axuxa *gira sobre sí misma,* Menana *se precipita hacia ella al tiempo que* Axuxa *se agacha, le toma el brazo y las dos mujeres, enredadas, se retuercen, hasta que* Axuxa *arroja al suelo a la esclava. De pronto la criada lanza un grito sordo y* Axuxa *se separa lentamente de ella. La mira fríamente y la toca con el pie. Mientras ocurre esta escena* Hussein, *en compañía de* Salem, *termina por detenerse frente a una cancela y mira a la mujer caída. Luego entra a la sala de abluciones.* Axuxa *corre a su encuentro y le besa las manos.*

Axuxa: Mi señor...

Hussein: ¿Qué has hecho, Axuxa?...

Axuxa: ¡Oh, señor! Estaba mirando la máquina de los genios cuando al volverme vi a Menana que se lanzaba sobre mí con el puñal. Hemos reñido y la he matado de buena muerte.

Hussein: ¿Por qué quería matarte?

Axuxa: Porque esta mañana, cuando vino del mercado, Menana me dijo que Menelik me cubriría de bienes a mí y a mi familia si quería verlo. Yo le dije a Salem que esta mujer era una ingrata, pues comiendo tu pan querría traicionarte, y entonces Salem le dio doce latigazos, ni uno más ni uno menos, porque yo los conté, y ella salió llorando y ya no la vi más hasta que de pronto, cuando dejé de mirar la máquina de los genios, vi que ella saltaba sobre mí con un puñal en el aire.

Salem: Es cierto todo lo que dice Axuxa. Le di doce latigazos. Ni uno más ni uno menos. Ni muy fuerte ni muy despacio.

Hussein: ¿La has matado con su propio puñal?

Axuxa: Sí, señor. *(Hussein se inclina sobre la tabla donde Axuxa estaba escribiendo.)* No pretenderás, señor, que una muchacha del valle, que toda su vida cargó carbón, tenga mejor letra que un *absul.*

Hussein *sonríe y* Axuxa *se precipita a sus brazos.*

Salem: Sí, pero no sabía quién era José ni quién era el Faraón.

Axuxa: Y ¿por qué me llamaste entonces una rosa de talones dorados?

Salem: ¿Que yo te he llamado una rosa de talones dorados? ¿Cuándo?

Axuxa: Ayer.

Salem: Ayer era otro día.

Hussein: Oye, Salem, coge esa muerta, léele la plegaria de los difuntos y entiérrala convenientemente debajo del sicomoro.

Salem: Sí, Señor. *(Mutis, cargado con la criada muerta.)*

71

Hussein *(paseándose pensativamente por la sala de abluciones. Después de una larga pausa de silencio)*: Axuxa, tendremos que separarnos.

Axuxa *se pone rígida, se la ve vacilar y caer, pero* Hussein *la toma de un brazo y la sostiene.*

Axuxa: Perdón, señor, se me doblaron las rodillas.

Hussein: Tengo que ir muy lejos, a cobrar una deuda de sangre. Es un hombre que me ha hecho mucho daño.

Axuxa *(impetuosa)*: ¿Quieres que vaya y le clave un puñal en la garganta?

Hussein: Es un hombre perverso, de lengua blanca y corazón negro. *(Señalándole un cojín a* Axuxa.*)* Siéntate. *(Axuxa* obedece.*)* Te voy a contar la historia de mi tremenda desgracia.

Axuxa: Te escucho, mi señor.

Hussein: Yo no nací cojo. Hasta la edad de ocho años mis piernas eran rectas como los colmillos de un elefante. Entonces vivía yo en Tánger. Mis padres, deseosos de convertirme en un hombre de provecho, me colocaron de aprendiz en la tienda de un platero llamado Mahomet. Mahomet era el marido de una mujer llamada Rahutia, que más tarde se convirtió en bailarina y por cuya culpa se ahorcó El Mockri una noche, antes que tú vinieras a esta casa.

Axuxa: ¿Vive aún el platero?

Hussein: Sí, pero escucha. Un día que Mahomet fundía ajorcas de plata, con la natural precipitación de los niños empujé su brazo y el metal se derramó fuera del molde. El platero, que era un hombre de genio colérico, en castigo de mí imprudencia me hizo dar tantos palos en la planta de los pies que durante dos lunas tuve que guardar cama... *(Sorprendido.)* ¿Lloras, Axuxa?

Axuxa: Pienso cómo te dolerían los pies.

Hussein: Cuando finalmente quise caminar esta pierna es taba encogida para siempre.

Axuxa: Comprendo tu odio, señor.

Hussein: Ni mis padres ni mis parientes podían tomar venganza contra Mahomet porque el platero era rico y trabajaba para todas las mujeres del Califa, y para hacerme olvidar mi desgracia me enviaron a esta ciudad a trabajar en el comercio de mi tío Abdul. Tan satisfecho quedó mi tío con el servicio que le presté que al morir me instituyó su heredero. Y ésta es la hora en que gracias a la bondad de Alá puedo ir a Tánger a cobrarme la deuda de sangre.

Axuxa: ¡Oh, mi señor, si pudiera ayudarte!

Hussein: Claro que puedes ayudarme. Mira...

Salem: Señor, el hermano de El Mockri pregunta por ti.

Hussein *(a Axuxa)*: Vete, Axuxa. *(Mutis de la muchacha. A Salem.)* Hazle pasar.

El Hermano de El Mockri *(con barba negra en punta fina; de perfil cruel. Entra pausadamente y se sienta en un cojín.* Hussein *permanece de pie).* Tenías razón. Rahutia ha salido para Tánger. Pero ¿como supiste que no estaba aquí?

Hussein: Me lo contó un capitán que se la llevó de aquí tres meses después que se ahorcó tu hermano.

El Hermano: Me has hecho un gran servicio. ¿Cómo puedo recompensarte?

Hussein: ¡Qué cosa curiosa! Tu hermano, la misma noche que dio fin a su vida, me dijo: ¿Puedo ayudarte en algo, Hussein? Ahora me lo preguntas tú, y yo te respondo: Sí, puedes ayudarme.

El Hermano: ¿Qué puedo hacer por ti?

Hussein: Tú llevas una escolta de criados, pues llévame entre tus criados a mí, a mi esclava Axuxa y a Salem, mi eunuco. Yo costearé los gastos.

El Hermano: No hables de dinero, Hussein.

Hussein: Un comerciante siempre recuerda el dinero.

Llévame con tus criados a Tánger. Lo que quiero es no tener que revelar nuestra identidad al entrar.

El Hermano: ¿Qué fin persigues para entrar clandestinamente en Tánger?

Hussein: Una venganza.

El Hermano: ¿Cómo? ¿Tú también? Me pides algo a lo cual yo debo acceder. ¿Cuándo deseas partir?

Hussein: Cuando tú lo hagas. Mis negocios están en orden. Puedo partir cuando yo quiera.

El Hermano: Es curioso cómo nos liga el destino. Tú me das la dirección de la persona a quien odio, yo te facilito el medio de llegar junto a la persona contra la que tienes que ejecutar tu venganza.

Hussein: Tú no puedes hablar de venganza mientras no hayas escuchado a Rahutia. Yo en cambio tengo que cumplir mi venganza…, y fíjate: tu has dicho que es curioso cómo liga el destino. ¿Sabes contra quién debo tomar venganza?

El Hermano: ¿Contra quién?

Hussein: Contra el marido de Rahutia.

El Hermano: Acatemos los designios del destino.

Hussein: Tal debemos hacer. Podría jurarte sobre el

corazón que si en el fondo de mi corazón no tuviera la seguridad de que un juego misterioso maneja nuestras vidas contra nuestra propia voluntad, yo no te habría dado el nombre del paraje donde puedes encontrar a Rahutia. Pero los planetas rigen nuestra vida, somos como las substancias que el mago machaca en su almirez para confeccionar sus filtros de prodigio.

El Hermano: Así es, hermano. Partiremos mañana. Puedes estar satisfecho. Entrarás con tus criados en Tánger, y nadie te verá desembarcar ni a ti ni a los que te acompañan.

TELÓN

Acto cuarto

ESCENA

Tienda del platero.

Vendedor de alfombras *(desplegando una alfombra pequeña)*: Tejida en seda sobre una malla de hilo, fresca como una rosa, fina como la camisa de una mujer del sultán. ¿No te agrada? ¿Y ésta de Mosul floreada como un jardín? *(En voz baja.)* Todos los caminos están escrupulosamente custodiados. Alí ha desaparecido. Musa ha sido asesinado. *(En voz alta.)* Mira el dibujo de este tapiz del Rabat antiguo. ¡Cuánta severidad en su estilo, cuánta devoción! *(En voz baja.)* Guarda toda la plata que hayas secuestrado hasta nuevo aviso. El espionaje italiano se hace cada día más enérgico.

Mahomet: ¿Es cierto que El Mockri se suicidó?

Vendedor de alfombras: Lo asesinaron. *(En voz alta.)* Observa esta alfombra. La trama es de seda, plata y oro. *(En voz baja.)* Continúa secuestrando plata.

Mahomet *(poniéndose de pie)*: No creo que hagas negocio con tus alfombras. Tráeme metales preciosos y te los compraré.

Vendedor de alfombras: La paz en ti. *(Mutis.)*

Mahomet: ¡Ibraim, Ibraim!

Ibraim: ¿Señor?

Mahomet: ¿Ha llegado algún barco con turistas?

Ibraim: No, señor, pero he visto pasar al hermano de El Mockri.

Mahomet: ¿Ah?

Ibraim: Sí, Alí.

Mahomet: ¿Ha vuelto de El Cairo?

Ibraim: Parece que sí.

Mahomet: ¿Ha entrado mucha moneda de plata hoy?

Ibraim: Cincuenta duros assani.

Mahomet: Tráelos. No cambies moneda de plata. La plata escasea. La plata valdrá mucho oro dentro de poco.

Mutis del dependiente. Mahomet *se mesa pensativamente la barba. Regreso de* Ibraim *con el saco de monedas de plata.* Mahomet *cuenta cuidadosamente las monedas y luego las guarda en la caja de hierro.*

Se escucha un llamado en la tienda. Sale Ibraim. Mahomet *termina de cerrar su caja. Vuelve* Ibraim.

Ibraim: Dos mujeres preguntan por ti.

Mahomet: ¿Dos?

Ibraim: Una es vieja y fea como un rinoceronte. La otra parece una estrella.

Mahomet: ¿Qué quieren?

Ibraim: No me lo dijeron. Parecen forasteras.

Mahomet: Hazlas pasar.

Mutis de Ibraim. Axuxa *y* Salem *entran acompañadas por* Ibraim. Salem *va disfrazado de mujer. Se saludan al modo musulmán con el platero.*

Axuxa: La paz en ti.

Mahomet: La paz. ¿Quieres sentarte? *(Axuxa y Salem se sientan en cuclillas en un estrado. Mutis de* Ibraim.*)* Tu presencia honra mi tienda.

Axuxa: Tu benevolencia tranquiliza mis pretensiones.

Mahomet: Aunque hablas nuestra lengua eres extranjera.

Axuxa: Admiro tu discernimiento.

Mahomet: ¿De qué país del Islam acabas de llegar?

Axuxa: De Dismisch esh Sham.

Mahomet: Me sentiré dichoso de poder servirte en algo.

Axuxa: Más feliz soy yo. Me han informado que eres un comerciante probo.

Mahomet: ¿Has nacido en el mismo Dismisch esh Sham?

Axuxa: No. En Baba el Cheich, en el valle del Ghuta.

Mahomet: El paraíso mismo. ¿Conoces el desierto?

Axuxa: Una sola vez crucé el Nefid en compañía de mi marido.

Mahomet: Debe de ser admirable.

Axuxa: Es terrible.

Mahomet: ¿Y tu marido?

Axuxa: Me ha repudiado.

Mahomet: Que Alá ciegue mis ojos que Mahoma ofusque mi entendimiento si tu marido no es el hombre más torpe del Islam.

Axuxa: Su conducta será juzgada algún día.

Mahomet: Nuevamente me es grato repetirte que me consideraré feliz sirviéndote en la medida de mis fuerzas.

Axuxa: Te diré por qué razón me he permitido molestarte.

Mahomet: Tu libertad me hace dichoso.

Axuxa: Tengo ajorcas pesadas, de oro y algunos collares cargados de nobles piedras. Desearía que tú las tasaras para mercarlas con provecho.

Mahomet: Realmente tienes razón en dirigirte a mí. Son alhajas de provecho y conviene examinarlas. ¿Dónde vives?

Axuxa: A doscientos pasos de aquí, junto al bazar de los sederos.

Mahomet: ¿No será una casa que está frente mismo a la fontana?

Axuxa: Esa. Con persianas verdes.

Mahomet: La casa del judío Ben Ansar.

Axuxa: De él es...

Mahomet: Allí he vivido algunos años.

Axuxa: ¿En la misma casa?

Mahomet: En el patio hay un limonero.

Axuxa: Estaba escrito que debíamos encontrarnos.

Mahomet: Debía de estar escrito.

Axuxa: ¿Cuándo iluminarás mi casa con tu presencia?

Mahomet: ¿No te será molesto esta noche, después que cierre mi tienda?

Axuxa: ¿A las diez?

Mahomet: Sí, pero te advierto que tendrás que remunerarme por la tasación de tus alhajas.

Axuxa *(sorprendida)*: ¿Cuál es tu precio?

Mahomet: Una taza de té.

Axuxa: Te prepararé el té con mis propias manos. ¿Lo prefieres verde o al modo de los cristianos?

Mahomet: Prepáralo al modo de Dismisch esh Sham.

Axuxa y Salem *se ponen de pie y* Mahomet *los imita.*

Axuxa: Eres el más gentil de los mercaderes de esta tierra. Queda en la paz de Alá.

Mahomet: Digo de ti, que eres la forastera más benévola que ha perfumado mi tienda. ¿Cómo te llamas?

Axuxa: Axuxa.

Mahomet: La paz en ti, Axuxa. *(Mutis de* Axuxa *y* Salem. *Llamando.)* ¡Ibraim, Ibraim, Ibraim! *(Aparece* Ibraim.*)*

Ibraim: ¿Me llamabas?

Mahomet: Escúchame, Ibraim.

Ibraim: Te escucho, señor.

Mahomet: Abre tus grandes orejas de elefante y escúchame atentamente. ¿Me escuchas?

Ibraim: Sí, señor, te escucho.

Mahomet: ¿Has fijado tu atención en esas forasteras?

Ibraim: ¿En la joven o en la vieja?

Mahomet: La joven puede ser el anzuelo, la vieja la caña y ambas un par de ladronas o algo peor.

Ibraim: ¿Ladronas?

Mahomet: Si mañana recibes una carta mía con la orden de que entregues dinero, joyas, piedra o plata u oro al portador, sea el portador hombre o mujer, lo haces arrestar.

Ibraim: ¿Crees que esas mujeres son ladronas?

Mahomet: El hijo de mi padre cree y no cree. Todo es posible en este mundo. Viene una muchacha con su esclava y me cuenta una historia que termina con una tasación de joyas. ¿Has visto tú las joyas?

Ibraim: Yo no.

Mahomet: Pues yo tampoco. ¿Qué es lo que se opone a que estas mujeres sean unas ladronas que quieren una orden de entrega para que tú, que eres un estúpido, les entregues mis valores?

Ibraim: Es muy joven ella para ser ladrona.

Mahomet: Tan variada es la condición de los seres humanos que todo puede ocurrir. ¿No ha dicho el Profeta: "Amarra el camello cuidadosamente a una buena estaca"? Pues yo, como hombre juicioso, tomo mis precauciones. *(Cambiando de tono.)* ¿Te fijaste en la muchacha?

Ibraim: Es joven. Debe de tener las carnes duras.

Mahomet: Sus ojos queman la piel cuando miran. Su cuerpo me pareció muy bien formado.

Ibraim: Si procedes astutamente en su casa, después de revisar sus joyas la puedes revisar a ella.

Mahomet: Fui cortés con ella. Le dije que el precio de mi trabajo era una taza de té y por su modo de mirarme comprendí que quedó complacida.

Ibraim: ¿No será una ramera?

Mahomet: No tiene aspecto de tal. Más bien, una ladrona. De cualquier modo el misterio está en ella. Huele a misterio como un jardín en la noche.

Ibraim: En todas las mujeres hay misterio mientras no descubren el rostro.

Mahomet: Me pareció sabrosa y desenvuelta. Quizá me conviniera para esposa. Cierto que mis tres mujeres no la verán con agrado.

Ibraim: La vida cada día está más cara y las mujeres, cuando holgazanean, no hacen nada más que comer y comer.

Mahomet *(pensativo)*: Quizá me conviniera repudiar a Cadija. Cadija está envejecida. Su aliento es cada día más desagradable y su talle más anchuroso. En cambio Axuxa está fresca como una rosa. Su cuerpo debe de haber conocido aventuras agradables. Podría distraerme con su destreza en el amor.

Ibraim: La forastera te ha inflamado. ¿Y si ella no quiere casarse contigo?

Mahomet: No me parece que ésa sea su intención,

¿qué más puede aspirar esa jovencita? ¿No soy un reputado traficante? ¿No crees que puedo ser un marido ventajoso?

Ibraim: Ya lo creo. Pero ¿lo creerá ella?

Mahomet: ¡Maldito seas! ¿A qué crees que han venido a mi joyería?

Ibraim: ¿No dices que pueden ser unas ladronas?

Mahomet: Más que creencia es una precaución por si acaso lo fueran. Vete, vete. Déjame. *(Mutis de* Ibraim. *Fumando de su narguile.)* ¿Y si fuera una espía? Abre tus ojos, Mahomet. Ojos abiertos y lengua quieta. ¿Qué es lo que se opone a que sea una espía del Califa? Ojo, Mahomet, que la lengua corta la cabeza. Ojo, hijo de mi padre; cuidado respecto a lo que hables con ella. Estudiaré la intención de sus preguntas. ¡Vaya sí las estudiaré! Las joyas bien pueden ser un pretexto para entablar relaciones, introducirse en mi vida. Los sucesos desagradables siempre encuentran principio en situaciones agradables. Además siempre ocurren de algún modo y éste podría ser uno de ellos. ¿Qué más simple que transformar una relación comercial en una relación amorosa, y finalmente la soga aprieta nuestro pescuezo? Ojo abierto, hijo de mi padre, paso corto, vista larga y mucha mala intención. Ojo abierto, hijo de mi padre. De un tiempo a esta parte llueven más espías sobre Tánger que langostas en Egipto. Esta muchacha huele a algo sospechoso y no puedo precisar en qué consiste. Diría que me conoce de alguna parte y sin embargo jamás la he visto. Pero había en el tono de su voz una seguridad como quien dice: "Me dirijo a ti sabiendo que no te puedes negar". ¿Y si me la envía algún enemigo? Pero ¿tengo acaso enemigos? Mi conducta ha sido siempre morigerada. Salvo que esa perra de Rahutia quiera tomar venganza contra mí porque la he echado de mi casa.

Ibraim: Señor, el hermano de El Mockri está en la tienda. Pregunta por ti.

Mahomet: ¿Qué querrá ese hombre? *(Vacilando.)* Bueno, hazle pasar.

El Hermano de El Mockri: La paz en ti.

Mahomet: La paz.

El Hermano: Yo no imitaré a los gatos que rondan un pescado maullando inútilmente. ¿Conoces a El Mockri?

Mahomet: El Mockri... El Mockri... No, jamás he oído hablar de él.

El Hermano: El Mockri murió por culpa de tu mujer Rahutia.

Mahomet: ¿Rahutia? Rahutia no es mi mujer. Hace mucho tiempo que la expulsé de mi casa por observar mala conducta.

El Hermano: Tú no me conoces a mí, pero yo te conozco a ti. Soy el hermano de El Mockri. Por culpa de tu mujer mi hermano se mató en Dismisch esh Sham.

Mahomet: Lo lamento por tu hermano, pero yo no te conozco a ti ni a él.

El Hermano *(violento)*: Escúchame, mercader. Mi hermana Fátima es una de las esposas del Califa. Bastaría que yo me asomara a la puerta de tu tienda y le hiciera una señal al primer gendarme que pasara, para que fueras sepultado en el más profundo calabozo de la fortaleza.

Mahomet: El Cadi me haría justicia.

El Hermano *(burlón)*: Sí, te harían justicia, la justicia que se les hace a los secuestradores de plata y a los contrabandistas de ametralladoras.

Mahomet *(echándose a los pies del joven)*: Perdóname, apiádate de mi, no me pierdas...

El Hermano: Ponte de pie. *(Mahomet se incorpora.)* Contéstame. ¿Por qué no le cortaste la cabeza a tu mujer?

Mahomet: Un humilde platero no puede manchar de sangre las alfombras de su tienda.

El Hermano: Por culpa de Rahutia, mi hermano ha

muerto. Esa sepulturera ha hecho daño a muchos hombres. Allí tienes al hijo de Ber, enjuto como un perro, loco como un camello cuando llega la primavera. Y también Alí ha despilfarrado en el Tremecén la hacienda de su padre. Tú no me conoces a mí, pero yo te conozco a ti. ¿No es una iniquidad que tales desdichas ocurran y que la responsable sea la mujer de un platero?

Mahomet: ¿Qué puedo hacer yo? ¿No la he repudiado por su mala conducta?

El Hermano: Debiste haberle cortado la cabeza.

Mahomet *(melancólico)*: Si, pero no se la corté.

El Hermano: ¿Por qué no la mataste a palos?

Mahomet *(dogmático)*: El Profeta ha dicho que no debe golpearse a una mujer ni con una rosa.

El Hermano *(rápidamente)*: Cortarle la cabeza es diferente.

Mahomet: Estaba escrito.

El Hermano *(vivamente)*: ¿Puedes jactarte tú de haber amarrado el camello a una buena estaca? El Profeta ha dicho que el creyente no debe abandonar su destino en manos de Dios sino después de asegurarse de que ha cumplido minuciosamente con todas las precauciones que un hombre prudente debe observar.*(Reparando en el silencio de Mahomet.)* Te pregunto nuevamente:

¿Puedes jactarte de haber amarrado el camello a una buena estaca?

Mahomet: No, señor, no puedo jactarme. Pero el Profeta también ha dicho: "Deja que una vez la piedad te haga olvidar el deber". ¿Qué puedo hacer yo por tu hermano muerto y el honor de tu familia?

El Hermano: Invítala a tu mujer a que venga aquí. Dile que se han dirigido a ti para ofrecerle un contrato de bailarina. Entonces ella acudirá.

Mahomet: ¿Y no me perjudicarás por el secreto que de mí conoces?

El Hermano: Tendrás que darnos los nombres de todas las personas interesadas en el secuestro de moneda y compra de ametralladoras.

Mahomet: Te lo daré, señor. *(Vivamente.)* ¡Ibraim, Ibraim!

Ibraim: ¿Señor?

Mahomet: Ve inmediatamente a casa de Rahutia y dile que venga. También dile que he recibido noticias de un empresario europeo que quiere contratarla.

Ibraim: Sí, señor.

Mahomet: Ven aquí. Repite lo que le dirás. *(Al Hermano de El Mockri.)* Es un poco bestia.

Ibraim: Dice mi magnánimo señor que ha recibido noticias de un empresario europeo que quiere contratarte y que acudas inmediatamente a su tienda.

Mahomet: Después que cumplas tu encargo vete a tu casa y no olvides la otra advertencia.

Ibraim: No, señor. *(Mutis de Ibraim.)*

Mahomet: Tengo que salir. ¿No te incomoda que te deje a ti y a ella en mi tienda? ¡Ah! Si la matas, te ruego que no manches excesivamente la alfombra.

El Hermano: ¿Conociste a mi hermano?

Mahomet: No, señor.

El Hermano: Era una flor de hombre: alto, esbelto, de ojos encendidos.

Mahomet: ¿Se mató con sus propias manos?

El Hermano: Colgado de una soga, como un perro.

Mahomet: Nunca he visto a un ahorcado. Dicen que la lengua se les salta fuera de la boca, que los ojos se les tuercen como los de los pescados que se pudren en los arenales.

El Hermano: ¡Y por una bailarina de chamizo!

Mahomet: ¿Se ahorcó de un árbol, de un clavo o de una viga?

El Hermano: ¿Qué me importa de dónde se colgó si está muerto?

Mahomet: Tienes razón. ¿Qué importancia tiene que se haya colgado de un árbol, de un clavo o de una viga? Se ahorcó.

El Hermano: Ya lo sé.

Mahomet: Si no te incomodara te haría otra pregunta.

El Hermano: ¿Qué?

Mahomet: La soga con que se ahorcó tu hermano ¿era corta o larga?

El Hermano: ¿Cómo quieres que lo sepa, imbécil?

Mahomet: Pues si no sabes si tu hermano se ahorcó de un árbol, de un clavo o de una viga y si ignoras si la soga de la cual estaba colgado por el pescuezo era corta o larga, ¿cómo sabes que es Rahutia la culpable de su muerte?

El Hermano: ¿Cómo lo sé? Porque ella y su maldita criada desaparecieron inmediatamente de Dismisch esh Sham. Y porque hasta el último lavaplatos de aquella ciudad lo dice. ¿O crees tú que no he indagado el grado de culpabilidad en que incurrió ella?

Mahomet: Señor, tú eres un hombre joven y tu natural es brioso y violento. Dentro de un momento Rahutia estará en tu presencia. Si ella es culpable, mátala. Si es inocente, mátala también, porque merece ser culpable. Su vida es disoluta e inquietante; su corazón, más seco que el desierto. Como la arena, ella sigue obediente al viento de sus deseos. Le agrada mezclarse con el populacho, inflamar de lujuria a los esclavos. Huele a pecado como una ramera.

El Hermano: Esta noche olerá a sepulcro.

Mahomet: Te ruego que no manches excesivamente de sangre esta preciosa alfombra. Si me permites, te aconsejaré que la estrangules. Una vez que hayas cumplido tu faena deja a la muerta encima de aquel sofá. No te olvides de cerrar la puerta de la tienda. *(Echando la mano a la faltriquera.)* Aquí tienes la llave. Cuando salgas ponla en el suelo, junto al árbol que hay frente a la muestra. Me marcho. Dejaré la puerta entreabierta, Rahutia entrará sin llamar.

El Hermano: Puedes irte. *(Mutis de* Mahomet. *Él se pasea por la trastienda.)* Singularidades de la fatalidad. Él me entrega a su mujer y a mi vez yo lo entrego a él a Hussein. *(Silencio. Meneando la cabeza.)* Ni un jefe de conversación podría imaginar una trama mejor. En estos momentos el platero se encamina hacia la casa de Axuxa, sin saber que allí lo espera el castigo. En estos momentos la culpable de la muerte de mi hermano se encamina hacia aquí, sin saber que la espera el ángel de la muerte. ¡Juego mortal y recíproco! Vamos por la vida y a nuestro lado manos invisibles tejen la red que nos ha de aprisionar. Ningún humano, por astuta que sea su condición o potente su fortaleza, puede substraerse del destino. Sólo Alá es grande. Sólo a Alá compete la postrer justicia.

Se escuchan pasos en la tienda y el joven calla.

Rahutia *(vestida al modo musulmán)*: La paz... *(Sorprendida.)* ¿Y Mahomet?

El Hermano: Tú eres Rahutia, ¿no?

Rahutia: ¿Por qué no respondiste a mi saludo? ¿Dónde está Mahomet?

El Hermano *(cerrando con su cuerpo la única salida)*: Tu marido no está y un hombre de mi linaje no responde jamás al saludo de una ramera.

Rahutia *(sumamente fría)*: Perro, tu apariencia es de señor, tu conducta de esclavo. *(Se encamina a la puerta.)*

El Hermano *(esgrimiendo un puñal)*: Otro paso, y te lo clavo en la garganta.

Rahutia *(gritando)*: ¡Mahomet, Ibraim!

El Hermano: Puedes desgañitarte. Tu marido me ha dado un consejo: "Lo único que te pido es que no manches de sangre mi preciosa alfombra."

Rahutia *(fría nuevamente)*: Es un consejo de mi prudente marido. *(Dejándose caer en cuclillas sobre un cojín.)* Posiblemente seas un asesino. ¿Cómo te llamas?

El Hermano: Soy hermano de El Mockri.

Rahutia: ¿Tú…, hermano de El Mockri?

El Hermano: Que se ahorcó por tu culpa en Dismisch esh Sham.

Rahutia: Ni el perfume de su buen linaje queda en tu sangre, cuando te permites injuriar a la mujer que compartió su lecho.

El Hermano: No estoy aquí para cambiar palabras inútiles. Tengo que cobrarme con tu vida la vida de mi hermano.

Rahutia *(levantándose y poniendo una mano sobre el hombro de él)*: La cólera te ciega.

El Hermano *(retrocediendo)*: No me toques.

Rahutia: ¿Tienes miedo? Yo no soy culpable de esa muerte. El Mockri traicionaba al Califa.

El Hermano *(estupefacto)*: ¿Qué?

Rahutia: Ocultaba plata en el eje de los carros. Recibía ametralladoras de contrabando. Cuando me encontró en su camino el hacha del verdugo estaba suspendida sobre su cabeza...

El Hermano: No es posible.

Rahutia: Tu padre mató a tu hermano.

El Hermano *(atónito)*: ¿Qué historia estás inventando? *(Avanzando hacia ella.)* ¡Miserable, con semejantes mentiras...!

Rahutia: Lo hizo ahorcar por los asesinos mudos...

El Hermano *(retrocediendo)*: ¿Será posible...?

Rahutia: ¿Buscabas venganza? Pues la venganza se ha vuelto contra ti.

El Hermano: ¿Supones que voy a creer en tus palabras?

Rahutia *(calmosa)*: No lo supongo: vas a creer.

El Hermano: ¿Cómo averiguaste que mi padre condenó a muerte a El Mockri?

Rahutia: No te impacientes. La última noche que dejé a tu hermano en mi casa, en el mismo momento en que yo salía para el cabaret, encontré en la sala de abluciones a un anciano que me observó. Al amanecer encontré a tu hermano ahorcado en la sala de abluciones. Mi sorpresa fue terrible. Él no pensaba matarse. Antes de despedirnos me había pedido que nos casáramos...

El Hermano: ¿Cómo sabes que era mi padre?

Rahutia: Espera. Llamé a mi criada. Ella no respondió. Fui a su cuarto. Los asesinos la habían herido. Estaba tendida en un charco de sangre, con el vientre abierto a cuchilladas.

El Hermano: ¿Dónde están tus testigos?

Rahutia: Tomando mis joyas hice con ellas un paquete y me dirigí a casa de un amigo mío, un médico cristiano. Él fue a recoger a la esclava, que no había muerto. Después de un mes en que no sabíamos si ella se salvaba o no, supimos lo que había ocurrido. Tu padre había llegado con esos asesinos mudos. El Mockri se disfrazó de ciego para intentar huir, pero al salir lo reconocieron...

El Hermano: ¿Cómo sabes que era mi padre?

Rahutia: Porque aquí mi esclava lo identificó entre un grupo de ancianos que escoltaban al Califa un viernes, cuando entraba en la mezquita.

El Hermano: ¿Vive tu esclava?

Rahutia: Sí. Tiene el vientre rayado por las cuchillas de los asesinos que matan para tu padre.

El Hermano *(dejándose caer sobre un cojín)*: ¡Es terrible! He caído en mi propia trampa.

Rahutia: Buscabas la verdad...

El Hermano: ¿Podría hablar con tu esclava?

Rahutia: ¿Cuándo?

El Hermano: ¿Ahora?...

Rahutia: Vayamos.

El Hermano: Tengo que pedirte perdón. No sé con qué palabras hacerlo. *(Meneando la cabeza.)* ¿Está en tu casa tu esclava?

Rahutia: Sí.

El Hermano: Quiero hablar con ella. Sé que has dicho la verdad... pero es algo terrible... Mi propio padre...

Rahutia: Tuvo que hacerlo. Tu hermano había ido muy lejos en el camino de la traición.

El Hermano *(poniéndose de pie fatigosamente)*: Estoy desmembrado como si hubiera caído sobre mi cabeza un alminar. ¿Quieres acompañarme?...

Rahutia: Vamos, hermano del que fue mi amigo.

TELÓN

Acto quinto

ESCENA

Cuarto vacío con arcos. Personajes: Salem *vestido como un eunuco.* Axuxa y Hussein.

Hussein *(paseándose lentamente)*: El hijo del Infierno debería estar aquí ya.

Salem: Vendrá. No te inquietes. El deseo está en sus huesos.

Axuxa: Es más prudente que una serpiente.

Salem: El deseo arde en sus huesos, en sus ojos, en el temblor de sus manos. Si no viniera no podría cerrar los párpados.

Hussein: ¿Temerá la emboscada?

Salem: Vendrá esta noche. El hijo del Infierno vendrá esta noche aunque la ciudad se queme por todas sus murallas. *(Dirigiéndose a* Axuxa.) ¿No es cierto que te miraba como un perro hambriento?

Axuxa: Sí.

Hussein: ¿Está envejecido?

Salem: Aún puede tener cien hijos.

Hussein: ¿Dónde has puesto el hacha?

Salem (*retirándola de debajo de una red*): Aquí. (*Se la ofrece a* Hussein, *que la toma.*)

Hussein (*pasando la mano por el filo*): ¡Bien afilada!

Salem: Como la navaja de un barbero, señor. Dice el proverbio: "El hombre es el sirviente del acero". Nosotros seremos buenos sirvientes de esta hacha.

Hussein (*recogiendo la red del pescador y mirándola al trasluz*): No tiene fallas.

Salem: Huele a pescado.

Hussein: ¿Quieres perfumarla antes de echársela a la cabeza?

Salem: Es un decir.

Axuxa: Y si viniera acompañado.

Salem: ¿Dónde has visto que un hombre vaya a oler una rosa en compañía de otro hombre? Poco observadora eres, hija. Esta noche el hijo del Infierno rechazaría la compañía de un ángel para encontrarse a solas contigo.

Hussein: ¿Y el tajo?

Axuxa *(sale corriendo y entra empujando un tronco de madera)*: Aquí está.

Hussein *(se sienta sobre él)*: Hace veinte años que espero todas las noches esta noche. Si Mahomet no viniera iría a su casa a arrancarle de entre los brazos de sus mujeres.

Salem: Vendrá cauto y dócil, como un gato que espera embucharse un pescado. Cauto y dócil, señor. Verás. *(Mirando a* Axuxa.*)* Tú eres el pescado de nuestro gato.

Hussein: ¿Dónde guardaste la mordaza?

Salem: No te preocupes. No tendrá tiempo ni para rezar la oración del miedo.

Axuxa: Le amordazaré mientras Salem le echa la red a la cabeza.

Hussein: ¿Si muriera?

Salem: Lo arrojaremos al mar en un odre con algunas piedras.

Hussein: Los peces se alegrarán.

Axuxa: También podríamos cargarlo sobre nuestros asnos y enterrarlo en el desierto. La arena traga a un hombre más rápidamente que el mar.

Salem: Ese perro tiene la piel dura y no morirá.

Hussein: ¡Qué noche terrible!

Axuxa: ¿Por qué, señor?

Hussein: En estos mismos momentos, en la casa del platero, el hermano de El Mockri está matando a la bailarina.

Salem: Debe de estar tendida sobre su propio excremento como una vaca en el matadero. *(Se escuchan unos aldabonazos. Salem coge la red y cautelosamente se dirige a la puerta. Axuxa saca el puñal del cinto y sigue al eunuco. Salem, desde fuera.)* ¿Eres tú, señor? Creíamos que era el condenado platero. Entra...

Hussein *(avanzando hacia la puerta. En aquel momento entra El Hermano de El Mockri)*: ¿La mataste?

El Hermano de El Mockri: Es inocente.

Hussein: Da gracias al muy Clemente por haberte impedido cometer un crimen inicuo.

El Hermano: ¿Ha llegado tu enemigo?

Hussein: No.

El Hermano: Quisiera hablar contigo. *(Axuxa y Salem se retiran hacia el corredor.)* Descubrí algo horrible.

Hussein: ¿Qué es?

El Hermano: Mi hermano fue asesinado por mi padre.

Hussein: ¿Quién te dijo semejante monstruosidad?

El Hermano: Rahutia.

Hussein: ¿Rahutia? ¿Cómo lo sabe ella? ¿No estaba ausente de la casa cuando El Mockri se mató?

El Hermano: Lo asesinó mi padre.

Hussein: Estoy atónito.

El Hermano: Es duro de creer, pero Rahutia no miente. Cuando dijo que mi padre hizo colgar a El Mockri, me parecía que estaba soñando. Ella me condujo a su casa, llamó a su esclava y le dijo: "Aischa, muéstrale tu vientre a este hombre". Y Aischa me mostró su vientre, ¡rayado de cuchilladas por los asesinos que sirven a mi padre!

Hussein: ¿Qué hizo tu hermano para merecer semejante castigo?

El Hermano: Conspirar contra el Califa.

Hussein: Es cierto, conspiraba.

El Hermano: ¿Cómo lo sabes?

Hussein: Te diré. La última noche que estuvimos juntos me habló del partido nacionalista en un tono sorprendente. Hasta encareció los beneficios que dejaba el contrabando de armas.

El Hermano: Buscaba un agente. Eras su candidato. Volviendo a Rahutia, su esclava escuchó la conversación que mi padre tuvo con mi hermano. El Mockri intentó escapar disfrazándose de ciego. Se había alejado unos pasos de la casa, cuando los esclavos de mi padre lo sorprendieron, lo condujeron a su propia casa, le obligaron a bañarse y a perfumarse y luego lo colgaron. Puedes darte cuenta que después de este crimen la presencia de mi padre me resulta insoportable.

Hussein: Que Alá se apiade de su crimen. ¿Puedo hacer algo por ti?

El Hermano: ¿Quieres llevarme a Dismisch esh Sham? Me dedicaré al comercio, trataré de hacer fortuna.

Hussein: Con mucho gusto, hermano. *(Se escuchan unos aldabonazos en la puerta.)* Apártate. Tápate el rostro. Es mi enemigo.

Se escucha un grito sofocado, y algunos instantes después aparecen Axuxa y Salem *trayendo metido dentro de una red a* Mahomet. Hussein y El Hermano de El Mockri *permanecen de pie junto al muro, totalmente embozados.*

Salem *(tapando la boca de* Mahomet*)*: Si intentas gritar te arrancaré la lengua. *(A Axuxa.)* Trae la silla.

Axuxa *sale y trae rápidamente una silla, y* Mahomet *se sienta plácidamente. En el centro de la estancia y con las manos cruzadas sobre el vientre se queda mirándolos a todos.*

Mahomet *(mirando a* Salem*)*: ¿Tú eres el bandido que esta tarde se presentó en mi tienda disfrazado de respetable alcahueta? Te conozco por lo bizco.

Salem: Si intentas moverte de esta silla te hundo la cabeza entre los huesos del pecho.

Se corre detrás de Mahomet *y lo amarra rápidamente al respaldar de la silla. Los tres, con los brazos cruzados, lo miran en silencio.*

Mahomet *(irritado)*: Por Alí y sus siete mil ángeles, ¿qué queréis de mí? *(Mirando a* Axuxa.*)* ¿De modo que tú eres la forastera que busca un joyero honesto? *(Rabioso.)* ¡Ramera!

Salem: Como digas otra insolencia te meteré este puño dentro de la boca. *(Prosigue el silencio de los tres que lo miran.)*

Mahomet: ¿Qué queréis de mí? ¿Qué significan estas

crueles ligaduras? ¿Por qué permanecéis callados? ¿Acaso me estáis jugando una broma? Si es chanza, ha durado bastante.

Hussein: Te estamos mirando, Mahomet.

Mahomet: Ya veo que me estáis mirando. ¿Tengo yo algo tan precioso en mi cara o en mi cuerpo para que se me mire con semejante insolencia? ¿Quiénes sois vosotros?

Hussein: Precioso eres tú para nosotros, todo entero, mercader. Precioso como el sol y la luna.

Mahomet: Escúchame... Tu pronunciación es la de un hombre de otras tierras y no sé qué haya en mi raza que pueda parecer precioso.

Hussein: Como el sol y la luna.

No te conozco ni creo haberte ofendido. Muy bien puede ser que ignores lo sucedido. Esta muchacha y el rufián que bizquea a tu lado se presentaron en mi comercio hoy al caer la tarde y me invitaron a venir a esta casa para beneficiarles tasándoles ciertas joyas que decían tener. Del modo como he sido recibido no cabe duda de que he caído en una trampa.

Hussein: Efectivamente, Mahomet, has caído en una trampa.

Mahomet: Te diré, a modo de hombre sesudo: Abandona el mal camino. Terminarás pudriéndote en una cárcel. ¿Necesitas dinero? Negocios honrados hay en que puedes acumular muchos bienes. Reflexiona, joven. Tu rostro no es el de un bandido descarado.

Hussein: Aunque tus palabras son medidas…

Mahomet: Todo yo soy medido y armónico. Dile a ese rufián que corte esas amarras y conversemos amigablemente. Puede ser que no me niegue a pagarte por mi libertad una suma de dinero razonable…

Hussein: Mirad la estampa del hipócrita.

Mahomet: No me ofendas. Estoy amarrado, te ofrezco dinero y ¿aún te enojas? Te pareces a los rinocerontes, que se enfurecen cuando les echan un puñado de rosas.

Hussein: ¡Sepulcro blanqueado!

Mahomet: ¿Qué dice este hombre?

Hussein (*señalando a los otros*): De día viste como los perros cristianos, de noche como los piadosos creyentes. ¡Miserable! Te has olvidado de que el Profeta ha escrito: "Un día sus lenguas, sus manos y sus pies testimoniarán contra ellos".

Mahomet (*irritado*): ¿Qué hablas de las palabras del Profeta? ¿Por qué no muestras tu rostro? ¿Por qué no anuncias tus intenciones. ¿Qué tiene que ver el Profeta conmigo? Soy un honorable comerciante. ¿Qué pretendes de mí? ¿Mis piedras preciosas, mi oro, mi plata?

Hussein: Escúchame, mercader: la noche es larga aún, como ha dicho el poeta, y los ojos de las jovencitas están bien abiertos. Escúchame: hay un proverbio que dice: "Pagarás la cabeza con la cabeza, el diente con el diente y el ojo con el ojo". Tú, Mahomet, tienes una deuda con el que todo lo ve y todo lo sabe.

Mahomet: Que la lengua se te caiga en pedazos, maldito charlatán. ¿Qué te debo yo a ti? ¿Te conozco? ¿Conozco a tu madre, a tu padre, a tu hermana? ¿Qué se yo quién eres tú? Pero seguramente estás muy distante de ser un hombre timorato. Un musulmán honesto no secuestra a sus prójimos. Un musulmán honesto no les echa a sus prójimos redes en la cabeza ni les amarra con crueles ligaduras. Sin embargo no te reprocharé tu oficio de bandido. No, no te lo reprocharé. El destino hizo que te arrojaras a los caminos a procurarte el sustento con artes homicidas. Alá se apiade de ti. Desde ya compadezco a tu pobre madre. Dame un papel y te escribiré una orden para que mi dependiente te pague el precio de mi libertad.

Hussein: Contéstame a una pregunta, mercader…

Mahomet: Todas las que quieras.

Hussein: No. Contesta esta sola. El día del juicio final, ¿le ofrecerás al ángel de la muerte tus joyas, tu oro, tus piedras o tu plata?

Mahomet: ¿Qué embrollos estás diciendo?

Hussein: ¿No comprendes, comerciante? Te estoy anunciando que ha llegado para ti el día del juicio final, el día en el que ni la más mínima mala acción queda encubierta para los sagaces ojos del ángel de la muerte.

Mahomet *(aparte)*: En nombre del Clemente y del Misericordioso, o yo he bebido en demasía o los acontecimientos de esta tarde han trastornado mi entendimiento. *(A Hussein.)* ¿Qué malditos juegos de palabras estás haciendo con el día del juicio final y el ángel de la muerte? Que me ahorquen si entiendo una palabra de semejante galimatías. ¿Por qué no hablas con claridad? ¿Qué quieres de mí?

Hussein: Quiero beberme tu sangre, cobrarme una cuenta, Mahomet, una cuenta antigua, quizá borrada de tu memoria. Contéstame. ¿Te acuerdas del niño Hussein?

Mahomet *(asombrado)*: ¿El niño Hussein?

Hussein: Te refrescaré la memoria, hijo del Infierno. Hace veinte años el niño Hussein trabajaba en tu tienda, que entonces estaba junto a la escalera del Raisuli. Una mañana que tú fundías ajorcas de plata, el niño Hussein involuntariamente empujó tu brazo.

El metal se derramó sobre las losas del suelo. En castigo de semejante imprudencia le hiciste apalear la planta de los pies tan bárbaramente que el niño no pudo caminar durante un mes y cuando dejó la cama estaba cojo. Mahomet, mírame. *(Camina cojeando.)* Yo soy aquel niño. ¿Te das cuenta?

Mahomet: ¿Para decirme que eres Hussein el Cojo tantas historias? *(Riendo en falso.)* ¡Vaya que eres extraño! En vez de darme un abrazo me amarras a una silla. ¡Vaya…, vaya…! Debería enfadarme contigo…

Hussein *(Indignado)*: ¿Te parece una bonita historia haberme dejado cojo para toda la vida?…

Mahomet: Hijo mío, no seas provinciano. Todos los días en el Islam a los chicos traviesos se les suministra razonables tandas de palos en las plantas de los pies. Y no sé que ninguno quede cojo. *(Zalamero.)* ¿De modo que tú eres Hussein, Hussein el cojito? ¡Vaya que me alegro de verte! *(Riéndose en falso.)* Y, ¡yo que te había confundido con un bandido! Dame un abrazo…

Hussein *(asombrado)*: ¿Abrazarte…?

Mahomet: Ven y dale un abrazo a tu antiguo maestro. No seas rencoroso. *(A Salem.)* Tú, esclavo, quítame estas cuerdas. *(Salem permanece inmóvil. A Hussein.)* ¿Cómo marchan tus negocios? ¿Prosperan? Me dijeron que tu tío, el honorable Acmet, te dejó una cuantiosa herencia. ¿Qué te sucede que estás allí tieso como un mulo? Ven y dale un abrazo a tu viejo maestro. Tú y yo somos hombres razonables. No vamos a echar a perder nuestra amistad por una pierna más o menos derecha. Dile a esa ballena que me quite la red y ven conmigo a visitar la ciudad. Te mostraré los nuevos edificios que se han construido. Te asombrarás de cómo progresa Tánger. Desde que te marchaste las tierras se han valorizado un cuarenta por ciento más. Turistas inteligentes afirman que Tánger va a superar a Casablanca, y dentro de muy poco tiempo. ¿Por qué no inviertes tu dinero en tierras? Yo tengo excelentes proposiciones, frente a la playa. No hagas caso de los chismosos. La playa se terminará en breve. ¿No visitaste las casas de departamentos construidas últimamente aquí? Como en Europa, hijo, como en Europa. Calefacción (aunque maldito para lo que sirve), agua caliente y fría, ascensores, baños… ¡Qué baños, Hussein! No te diré que son suntuosos como los nuestros, pero sí mucho más prácticos. Escúchame atentamente, cojito: el gran negocio del día son las casas de departamentos. Toma ejemplo de Tetuán. Los judíos de Tetuán han edificado en el centro de la ciudad enormes edificios de renta que les rinden cuantiosas ganancias. África progresa. Y nosotros, los árabes, no debemos ser menos especuladores e inteligentes que esos perros…

Hussein: Está escrito: "Pagarás la cabeza con la cabeza, el ojo con el ojo, el diente con el diente".

Mahomet: No me avergüences, Hussein, de haber sido tu maestro. No te olvides de que también está escrito: "Respetarás a los ancianos". Pero dejemos esas antiguallas. ¿Quieres hacer un gran negocio? Mira, en estos momentos tengo entre manos una proposición magnífica. El hijo de Arakián necesita deshacerse secretamente de su casa. Es una hermosa finca, en el corazón mismo del Marshal. Yo solo no puedo comprarla. Hagamos el negocio juntos, Hussein, y repartámonos los beneficios. No pierdas la cabeza, hijo mío. Vivimos en el momento de las especulaciones felices. Compra tierras y mañana despertarás entre sábanas de oro.

Hussein: Está escrito: "Pagarás la cabeza..."

Mahomet: No te olvides, Hussein, de que el hombre no debe jamás sacrificar sus beneficios a sus pasiones. Vas en camino de ser hombre de edad. Seguramente no has constituido familia y mañana ¿qué bienes dejarás a tus hijos si no aprovechas las oportunidades que te ofrece la mocedad? Deja para ciegos y charlatanes de mercado las historias de venganzas y edifícate una hermosa casa de departamentos. ¿Has calculado lo que cuesta una casa de departamentos y la renta que produce? Es la mejor inversión de capitales, Hussein. Por eso ha progresado Tetuán...

Hussein (a Salem): Trae el hacha.

Mahomet: ¿Qué dices? ¿Vas...?

Hussein (a Axuxa): Acerca el tajo.

Mahomet: Escucha, Hussein…

Hussein: Oye, mercader: está escrito: "Pagarás la cabeza con la cabeza, el diente con el diente y el ojo con el ojo". Tú me has dejado cojo, yo te cortaré el pie.

Mahomet: Hussein ¿estás loco? ¿Qué vas a hacer con mi pie cortado?

Hussein *(a Axuxa)*: Pon el tajo allí.

Le señala el lugar donde se asienta el pie de Mahomet.

Mahomet: Escucha, Hussein, espera. No nos perjudiquemos. Te compraré mi pie. Te pagaré tu cojera. Escucha. *(Hussein atiende.)* En mi caja de hierro tengo tres espléndidos diamantes, gordos como avellanas. Te daré una orden para mi dependiente firmada con mi propia mano en tu propia presencia. No tendrás más que presentarte en mi tienda y entregarle la orden a mi dependiente, el orejudo. Si tú desconfías de mí, reténme prisionero hasta que llegue la persona a quien hayas comisionado. Son tres diamantes, Hussein, gordos como avellanas, tallados, perfectos, sin fallas. Mi dependiente, el de las grandes orejas, te los entregará con la orden que yo te firmaré aquí mismo. ¿Qué utilidad te producirá un pie cortado? Ninguna. En cambio los diamantes los puedes vender. Te firmaré un documento, reconociendo habértelos vendido ecuánimemente. Yo habré pagado mi culpa y tú te habrás beneficiado. Dame el papel, que ahora mismo te escribiré la orden para mi dependiente. Puedes enviar a esta muchacha. O a este honorable tuerto.

Hussein: Aunque me ofrecieras los tesoros de Simbad el Marino, no dejaría de cortarte el pie.

Mahomet: No, Hussein, no. Apiádate de este pobre anciano. *(Hussein hace una señal y bruscamente Salem amordaza a* Mahomet.*)* No…, no…, no…

Hussein: Escucha, Mahomet. Ha llegado tu hora y mi hora. Hace veinte años que, cojeando por las calles de las ciudades, yo, que nací con mis dos piernas derechas, aguardo este minuto. Estás asustado, Mahomet. Gruesas gotas de sudor nacen de tu piel. Me bebería el sudor del miedo, Mahomet. Dentro de un instante el hierro del hacha cercenará el hueso y tu pie se desprenderá para siempre de la pierna. Estas palabras aumentan el horror de tu situación, ya lo sé, Mahomet. Y cuanto más vasto es el terror de tu cuerpo, más profunda es mi satisfacción. Vas a sufrir dolores atroces a causa de esta amputación. Un dolor de fuego y de hielo te subirá hasta la articulación de la rodilla…, un dolor de hielo y de fuego que hará brillar innumerables chispas frente a tus ojos. Por cierto que no quisiera estar en tu lugar, Mahomet. No. Aunque el hacha está bien afilada, puede ocurrir que se astille todo el hueso de tu pierna y entonces el sufrimiento será tan horrendo que todo tu cabello negro se volverá blanco. Lo más grave es que también puede gangrenarse tu pierna y entonces tendrán que cortártela hasta arriba de la rodilla y te será imprescindible el uso de una muleta o de una pierna ortopédica, lo que no debe de serte desagradable, ya que tan aficionado eres a las modas de los perros cristianos. *(Lanzando una carcajada.)* ¿Qué dirán tus cuatro mujeres cuando te vean aparecer por el harén con una pierna de palo o de goma o de aluminio? Y tu dependiente el orejudo, como le llamas tú, ¿qué dirá? Veo que me escuchas atentamente, comerciante. El terror te llena el pecho y la garganta. Tus ojos están arrodillados frente a mí, pero mi corazón es duro como el palo con que dejaste coja mi pierna. Prepárate, mercader. Salem, levanta el hacha. *(Salem obedece.)* Prepárate, mercader. El bajar la mano *(la levanta)* será señal para que caiga el hacha. *(Baja la mano. Se oye un grito terrible.)*

Salem: Axuxa, pronto, las hierbas y las vendas.

Hussein *ha quedado inmóvil en su sitio.* Salem *envuelve en trapos el muñón mutilado.*

El Hermano *(cogiendo el pie y mostrándolo a todos)*: Hussein, has cobrado tu deuda. Aquí está el pie de tu enemigo. Ahora, que haya paz entre tú y él. *(Hussein se apoya en el muro para no caerse.)* ¿Qué te ocurre...?

Axuxa: ¿Qué tienes? Te has puesto blanco.

Salem *(corre hacia él y lo sostiene)*: ¿Qué tienes?

Hussein: ¡Ay! ¡Ay!

Axuxa: ¡Hussein! ¡Hussein!

Hussein: ¡Ay! ¡Ay! Mi pierna ¡Ay! ¡Ay! Mi pierna. *(Dando un gran salto.)* Mi pierna…, mi pierna se endereza, se endereza… Mira…, mira mi pierna…, se endereza…, mira el milagro. *(Salta como enloquecido.)* ¡Milagro!

Axuxa *(cogiendo a* Salem*)*: ¡Milagro!

El Hermano: Milagro…, pero, a ver…, camina…, camina…

Axuxa: No cojea… Salta otra vez.

Hussein *(saltando)*: Mira: no cojeo… *(Camina briosamente.)* Por Alá…, está derecha como el colmillo de un elefante. *(Sacudiendo a* Salem.*)* ¿Qué me dices del milagro?

Salem: La misericordia del Señor ha caído sobre tu cabeza. Alabemos la grandeza del Eterno. Alabemos su ecuanimidad. Pero marchémonos de aquí porque el Cadí nos meterá en presidio.

Axuxa *(increpando a* Salem*)*: Que Dios te castigue. ¿Qué puede temer del Cadí? Hussein, señor mío, el Profeta ha hecho un milagro visible en tu cuerpo.

Salem: Grande y visible. Alabemos su imparcialidad.

El Hermano: Les da a unos lo que les quita a otros.

Debes llevar el pie de este hijo del Infierno a la Meca, consagrarle devotamente a nuestro Señor.

Hussein: Cierto, hermanos; cierto. Y además les daré libertad a tres de mis esclavos. Y además regalaré un pie de oro a la mezquita de Dismisch esh Sham. Y además me casaré contigo, Axuxa. Que Dios te bendiga. Mira cómo camino.

Salem: Como un noble elefante, como una garza real. Pero no esfuerces tu pierna recién nacida. Trátala con cariño a tu pierna.

Hussein: Todo en mí es vigoroso ahora. Toca esta pierna, Salem. *(Se la golpea.)*

El Hermano *(tocándola)*: La sangre corre por ella como por las piernas de un potro.

Axuxa *(tocándola)*: Está hinchada y fuerte. Parece la pierna de un montañés.

Hussein: No me toques, querida... no me toques. *(La levanta y la estrecha contra su pecho.)*

Salem *(grave)*: Alabemos la justicia de Alá en un piadoso creyente. Y ahora, amo mío, a tener muchos hijos para hacer grande la gloria del Islam.

FIN

La juerga de los polichinelas

(Burlería)

Personajes

Marido
Criado
Galancete
Guardián 1°
Guardián 2°
Polizonte
(no aparece en el original)

Lugar de acción: Rellano de una escalera y dormitorio de Galancete.

Escena I

Criado *deteniéndose en el rellano de la escalera, suspira profundamente, después de acomodar sobre su pecho dos pares de guantes de box suspendidos de una cuerda que le pasa por el cuello. En la mano lleva un estuche con un juego de espadas de comba- te y en la izquierda una caja de violín con pistolas máuser.* Criado *después de suspirar vuelve la cabeza y mira llegar tras él, al* Marido. *Ambos contemplan una puerta cerrada sobre el rellano.*

Marido: Aquí vive ese excelente joven, ¿no es verdad, Jenaro?

Criado: ¿Llamo con los pies o las manos?

Marido: Como te contaba, le vi una sola vez y me conturbó su recatado aspecto, la inocencia que tra- ía pintada en los ojos y la manifiesta ingenuidad de sus crueles bigotitos.

Criado: ¿Rompo los cristales de la banderola?...

Marido *(con pensativo deleite)*: ¿Te das cuenta, Jenaro? Aquí vive ese excelente joven y el mundo lo ignora. Las multitudes pasan silenciosas...

Criado: Un procedimiento nuevo sería incendiar la puerta.

Marido: ¿Pero por qué tanta prisa, Jenaro? Nuestro hombre debe reposar aún de sus fatigas. ¿Crees que convendrá interrumpir su noble descanso? ¿No será aún temprano? No tenemos con él ni conocimiento, ni intimidad, como para incomodarle tan a deshora.

Criado: Ganas me dan de descerrajar la puerta,

Marido: Hay que ser prudente. Creo que lo más atinado es poner un petardo en las dos hojas.

Criado: Está prohibido el uso de explosivos en la ciudad.

(Después de hablar, el Criado *se aproxima a la puerta y de un formidable puntapié desencaja las dos hojas. Esto permite divisar un dormitorio con cama en su centro y en ella, sorpresivamente apoyado al respaldar, desmelenado y en batín a* Galancete.*)*

Escena II

Galancete: ¿Qué diablos ocurre? ¿Quién es usted, que violenta la puerta de mi casa?

Criado *(mostrando a* Galancete *las pistolas,* los *guantes y las espadas)*: No es muy amable que digamos, su forma de recibirle a uno...

Galancete: Ha saltado la falleba.

Marido: ¿No fuera más grave si en vez de saltar la falleba hubiera saltado su cabeza? Por otra parte, su observación no es completamente desinteresada...

Criado: Joven, yo quisiera decirle que vienen a invitarlo a usted para correr una francachela amistosa. Pero me es imposible.

Marido: Muy bien expresado, Jenaro. Pronto me representarás ante los turcos.

Galancete: ¿Qué jerigonza es ésta? ¿Y qué quieren ustedes...?

Criado *(dirigiéndose al* Marido*)*: Evidentemente, este hombre no entiende el lenguaje de los plenipotenciarios. Es necesario hablarle en un castellano vernáculo y rasposo. *(Dirigiéndose a* Galancete.*)* Para expresarme con más claridad, le diré que vienen a convertirlo en una milanesa. No es muy castizo, pero sí evidente. Si no le basta como aclaratoria, agregaré que además lo van a hacer sonar a patadas. *(Sonriendo jovialmente.)* Si usted lo desea puedo hacerle la caridad de avisar a una empresa de pompas fúnebres.

Marido: Jenaro, vuelvo a reiterarte mi promesa; serás embajador ante los turcos.

Galancete *(intentando levantarse de la cama)*: Tendré que echarlos a puntapiés...

Criado *(encañonándolo con su revólver)*: Le atravesaré la cabeza de un balazo, como a un queso gorgonzola, si vuelve a moverse...

Galancete: ¿Pero quiénes son ustedes, se puede saber?...

Marido: Soy el esposo de la joven a quien usted amorosamente abrazaba en la plaza pública ayer por la tarde.

Galancete: ¿El marido?... Ésto si que es nuevo para mí. ¿Está casada ella? ¡No es posible! ¡Oh! ¡No! ¡Eso es disparatado!...

Marido: Inútil es que usted pretenda despistar. Quiero ser atento con usted. Me inspira esa violenta y cordial simpatía que todos los maridos burlados experimentan en presencia de sus jóvenes y afortunados rivales. *(Dirigiéndose a Jenaro.)* ¿No es cierto que resulta seductor y hermoso? ¡Y cuán bien le sienta ese bigote cruel y chinesco! *(Dirigiéndose a* Galancete.*)* Le ruego admita la simpatía que me inspira. De otro modo no divirtiera su vista con tal variedad de herramientas como las que carga mi secretario. Aquí en esta caja, por ejemplo, hay un juego de pistolas automáticas. Cargan proyectiles explosivos, capaces, cada uno, de hacer estallar, como una naranja, la cabeza de un rinoceronte.

Galancete: ¡Oh! Pero entonces ella mintió... Cruel enigma...

Criado: No dude de la eficiencia de esas pistolas, señor. Son de un modelo preferido por los *gangsters* de Al Capone. Así al menos lo demuestran las estadísticas. Han sido utilizadas en el setenta y siete por ciento de los homicidios cometidos por contrabandistas de alcohol.

Marido: Si le disgustan las ametralladoras por lo estruendosas, traigo un par de sables de acero alemán. Cromo y níquel. Una bestial resistencia a la torsión, por pulgada cuadrada. Filo, contrafilo y punta.

Criado: ¿Supongo, joven, que no tendrá la pretensión de menoscabar la industria metalúrgica alemana? Sus aceros carburados son clásicos, sobre todo aquellos que se basan en las aleaciones de cromo y níquel...

Marido: ¡Que me corten la cabeza, Jenaro, si no serás mi representante ante los turcos!

Galancete: Aquí tiene que haber algún equívoco. Esto ya pasa de fantástico...

Criado: Pero si le resultan poco persuasivos los *shrap-*

nells y las dagas, traigo dos pares de guantes. Son de cuero de búfalo y no están curtidos ni peinados.

Marido: Sin exagerar, casi más divertido es aporrearse con cachiporras de plomo.

Criado: Doy fe.

Galancete: ¡No es posible! Ella no está casada. No puede estarlo. Es mi novia y la amo.

Criado: Ahora se produce el drama. *(Aparte.)* ¡Qué dificultoso es llegar a ser embajador ante los turcos!

Marido: ¿Usted se casará con ella?...

Galancete: Iba... ¿No dice que está casada con usted?

Marido *(Juntando las manos sobre el pecho como si estuviera en éxtasis)*: ¡Oh! Usted la ama. ¿Es posible?

Galancete: No tiene remedio. Nos hemos jurado amor eterno. ¡Oh! ¿Pero por qué me habrá ocultado?...

Marido: No se preocupe. No tiene importancia. Es su modestia... Una modestia proverbial, diría, si no temiera incurrir en un lugar común.

Galancete: ¡Cristo! Pero es una modestia que pasa de los límites la suya...

Marido: Pero usted la ama, ¿no?

Galancete: ¡Cómo no adorarla si es tan buena y amorosa!

Marido: ¡Oh! ¡La ama! ¡Qué felicidad! *(Dirigiéndose al* Criado.*)* La ama, ¿te das cuenta, Jenaro? La ama, y yo, ¡oh, desdichado de mí!, pretendía asesinar a este inocente joven. *(Dirigiéndose a* Galancete, *que continúa incorporado en la cama.)* Permítame. *(Lo abraza.)*

Galancete: ¡Eh!, que me asfixia...

Marido: No podía suponerlo. Tiene que perdonar mi introducción un poco violenta en esta habitación. Creí que lo de ustedes era un devaneo erótico. Ese beso en la plaza pública...

Galancete: Era un beso espiritual... fraternal...

Criado: Claro, siendo besos de hermanos, el enjuague cambia... Claro, cambia... porque la letra mata, pero el espíritu vivifica.

Marido *(dudoso)*: Cambia, ¿no, Jenaro?...

Criado: Sí, así no estaría obligado nada más que a fracturarle las narices...

Marido *(sentándose en la orilla de la cama)*: ¿Qué se han hecho de tus luces, Jenaro? Quita de mi vista esas armas homicidas. Llévate lejos esos sables de acero al cromo níquel. Regálale a un centro cultural esos guantes salvajes. Encierra en una fiambrera las pistolas automáticas. Este joven es mi amigo, Jenaro. Mi querido amigo. Se casará con mi dulcísima esposa, que Dios bendiga. Vamos, Jenaro, abrázalo en señal de reconocimiento y cordialidad. *(Jenaro se acerca y abraza torpemente al novio.)*

Galancete: No sé si estoy soñando o me he vuelto loco...

Criado: Yo también estoy un poco desconcertado...

Marido *(a Galancete):* No piense, por favor. ¿Qué objeto tendría que usted pensara? ¡Hay tanta gente en el mundo que puede reflexionar por usted! Además, un excesivo trabajo mental podría debilitarlo. No se exponga a los peligros de un violentísimo surmenage. No, no piense, por favor. Cuide su preciosa salud. Extasíe sus ojos en la felicidad que tiene los talones dorados. Viva, viva, mi joven amigo, no piense. ¿Así que no hicieron nada más que besarse espiritualmente?...

Galancete: Es un poco violento conversar con el esposo...

Marido: Comprendo. No estamos acostumbrados. Abundamos en prejuicios. Pero no se preocupe. A mí ese asunto no puede ofenderme. Soy un hombre de una gran flexibilidad intelectual. ¿Qué sería de nuestra existencia si no cultiváramos los matices? Permítame que le aconseje. Suprima los besos espirituales de su repertorio amoroso. A las mujeres les gustan los hombres decididos, guantes de cabritilla en manos atrevidas. ¿No estás de acuerdo, Jenaro?...

Criado: No entiendo de faldas. Soy misógino y schopenhauriano.

Marido: Por otra parte, y sus palabras me lo dan a entender, descubro que usted conoce superficialmente a mi esposa. No se imagina cuánto lo lamento, pues sus virtudes son semejantes a las de los buenos vinos: sólo aparecen a medida que más se los cata...

Galancete: No lo entiendo, ni me entiende. Hasta ayer fui feliz. Hoy se aparece usted como un obstáculo inesperado, misterioso, caído del cielo con más violencia que un aerolito... Es terrible... Casada... ella...

Marido: ¿Te das cuenta, Jenaro, qué monstruo soy? El único obstáculo para la felicidad de esta parejita. *(Mueve los brazos desaforadamente como un molino de viento.)* ¡Ah! Pero no. Dios me libre de interponerme entre la felicidad de ustedes. Mañana mismo nos embarcaremos los tres, quiero decir los cuatro, para Montevideo. *(Dirigiéndose a* Galancete.*)* Cuando la conozca más íntimamente, la adorará. Entre nosotros, ¿se dieron muchos besos ya?

Galancete: Tres o cuatro... En todo caso no llegan a dos docenas...

Marido: Entonces no ha podido apreciar nada. Claro, ella es tímida como una paloma. Cada beso debe haberle costado a usted un tratado de dialéctica y dos manuales de metafísica. ¡Qué digo! Una paloma resulta un ave carnicera al lado de mi esposa.

Galancete: ¡Pero es casada! ¿Y cómo no me lo ha dicho? Eso es una falta de confianza, de consideración...

Marido: Timidez... pudor... No se preocupe. Ella será su esposa. Contra viento y marea. Lo ayudaremos, ¿no es verdad, Jenaro?

Criado: Amplia y generosamente, como diría el editorialista de "El Planeta".

Marido: Lo que ocurre es que la pobrecita es una mártir. *(Llorando a moco tendido.)* No la merezco, ¿no es cierto, Jenaro?

Criado *(restregándose los ojos con la manga del saco)*: Creo que no, señor... Al menos no me atrevería a jurarlo.

Galancete: Me apena ser motivo de tanta aflicción. ¿Por qué no intenta reconstruir su hogar? Con pena, es cierto, con pena, yo me alejaría.

Marido *(Respingando con más violencia que un fantoche animado por un resorte)*: ¿Qué ha dicho este monstruo? Jenaro, trae los guantes, la ametralladora, los estoques...

Galancete: ¡Oh!, desdichado de mí. El diluvio ha caído esta mañana en mi cuarto. ¿En qué quedamos señor? ¿Usted viene a visitarme para que yo termine mis relaciones con su esposa o las continúe?

Marido: Jenaro, conserva las pistolas a mano por si este joven cambia de opinión. *(Dirigiéndose a* Galancete.*)* Yo no me he consternado porque deseara participar de su dicha. Nada más alejado de mis intenciones. Pero comprenda que emocionarme no cuesta nada, y por eso me he enternecido.

Galancete *(aparte)*: Este hombre debe ser un chantajista.

Marido: Mi visita, por otra parte, responde a objetivos claros. ¿Es usted un hombre bien intencionado? ¿Sí? Entonces se casa con mi dulcísima esposa. ¿Es usted un bergante? Entonces lo convierto en picadillo auxiliado por los más variados procedimientos de la mecánica homicida. Creo que no se pueden tachar mis propósitos de oscuros ni dudosos...

Galancete: ¡Oh!, no...

Marido: Lo único que nos falta para ponernos de acuerdo es precisar algunos matices, que yo denominaría secundarios. Por ejemplo... ¿usted jamás la vio cocinar a mi esposa, no?

Galancete: No he tenido ese placer.

Marido: ¿Cuál prefiere usted: la cocina italiana o la española?

Galancete: Con perdón de los presentes y sin ofender a nadie... me parece más nutritiva la cocina italiana.

Criado: Permítame que lo felicite. Es usted un hombre inteligente.

Marido: Mira, Jenaro, el día que él pruebe los ravioles que ella sabe preparar, enloquece.

Criado: Irremediablemente...

Marido: ¿Y *los capelletti*? ¿Te acuerdas, Jenaro, de ese relleno especial?...

Criado: ¡Si me acordaré! El relleno era simplemente brutal. Le ponía orégano, perejil, picadillo de hígado de pato, unas gotitas de ron de Jamaica...

Marido: No continúes, Jenaro, que la boca se me llena de agua. ¡Ah!, esos *capelletti* heroicos y fascistas. Lo hubieran resucitado a Matteoti.

Criado: ¡Y qué facilidad tenía para la cocina española!

Marido: Nunca podré olvidar un arroz a la valenciana que preparaba, todo decorado de cascos de tomate, mejillones, azafrán con queso, picadillo de pollo capón. ¿Te acuerdas, Jenaro?

Criado: Si me acordaré, que desde entonces fui aficionado a la música de Falla.

Marido: ¿Qué diré de sus otras virtudes? ¿Es necesario encarecerlas? Borda que es un primor, pinta jarrones como un chino tunante, tocando el piano ríase usted de Rubinstein y Brailovski.

Galancete: Nunca le oí decir que tocara el piano.

Marido: Es su modestia. Timidez. Pudor. Semejante a la violeta humilde: esconde sus méritos. Todo escondido. Todo. ¿Así que usted ignora que ella tocaba el piano? Claro, se lo habrá ocultado para no humillarlo, por no tener usted un piano.

Galancete: Además un piano no cabría aquí.

Marido: Amigo mío, permítame que le haga un obsequio. Jenaro, esta misma tarde le traerás el piano de cola que hay en casa.

Galancete: ¿Pero qué hago yo con un piano si no sé tocar? Además, apenas si uno puede darse vuelta en esta habitación. Es muy reducida.

Marido: Ésa no es una razón. Usted dispone de una hora al día. Pues esa hora utilícela yendo a una academia. Tome lecciones particulares. Cultive su espíritu. El hombre a quien la música no le agrada es indigno de la bondad de los dioses.

Galancete: A mí no es que no me guste la música. No sé tocar.

Marido: No saber tocar no tiene ninguna importancia. Nadie nace sabiendo.

Galancete: Además, el piano no cabe aquí.

Marido: No se preocupe. Todo tiene una solución adecuada sobre el planeta. Tirando esa pared abajo el piano cabe con holgura.

Galancete: ¿Qué dice? En la habitación de al lado vive una familia. ¿Quiere complicarme la vida usted? Es gente honorable.

Marido: Por el albañil no pase preocupaciones. Jenaro puede venir esta tarde con un pico y una pala. ¿Estás de acuerdo, Jenaro?

Criado: Con tal de poderme marchar a Turquía, me da tanto un barrido como un fregado.

Galancete: Esto es provocar dificultades con los vecinos. El casero nos va a mandar encarcelar.

Marido: No se preocupe de esos accidentes mínimos. Que la familia honorable se vaya con los bártulos a otra parte. No hay derecho ni se puede pretender que un joven delicado como usted pase su vida enjaulado por cuatro paredes, privado de lo que su espíritu apetece con legitimidad de anhelos. Es simplemente inicuo. En nuestro país se cuentan varios millones de kilómetros cuadrados de superficie útil. En consonancia... quiero decir, en consecuencia, no se puede exigir a un ser humano que se anquilose en una especie de quiosco doméstico. Resueltamente, echaremos la pared abajo. Usted tendrá su piano y mi mujer cantará como un jilguero en la selva. Y todos estaremos contentos, porque está escrito que la gente que vive espiritualmente cosecha frutos de goce angélico.

Galancete: Una de dos, o estoy loco yo, o lo está usted. No se puede razonar de otro modo. ¿Cómo van a tirar la pared abajo? Se olvida usted que hay un reglamento de construcciones... que el Digesto Municipal no autoriza refacciones...

Criado: Permítame, señor, que le recuerde que la letra mata... No citemos la ley...

Galancete: Mi razón vacila en sus cimientos. ¿No me habré convertido en un personaje de "Las mil y una noches"?

Marido: Jenaro, Jenaro, ¿no se te parte el corazón escuchándolo a este noble joven? ¡Oh, qué felicidad haberlo conocido! ¡Cuántos días repletos de pura felicidad le esperan a mi dulcísima esposa! Guarda las ametralladoras, Jenaro. (*Jenaro se echa entre el pecho y la camisa, la pistola.*) ¿Tiene muebles, mi querido amigo? Veo que usted no nada en la abundancia. Es pobre... pero honrado. Tendremos que hacerle conceder un crédito.

Criado: No creo que necesite mucho...

Marido: No, yo creo que pueden arreglarse con dos juegos de dormitorio, un juego de comedor, otro comedor más íntimo, un *living room*... Se pueden tirar aquí unas cuantas paredes abajo y modificar la estructura del piso.

Criado: Necesitaremos dos cuartos para nosotros cuando vengamos de visita.

Marido: Tienes razón, Jenaro, aunque no tema, mi joven amigo. Nosotros le molestaremos poco. Estamos en el campo durante casi todo el año.

ESCENA III

Con pasos cautelosos y acompañados de un polizonte que esgrime cachiporra, suben por la escalera dos beneméritos servidores del Estado, uniformados con el sencillo traje de los cuidadores de un hospicio de dementes. Se detienen en la puerta, observan un instante el triunvirato fantástico que forman Galancete, Marido y Criado, y, luego, sin pedir permiso, se introducen en la habitación tomando cada uno de los loqueros a Marido *y* Criado, *por un brazo.*

Guardián 1°: ¡Menudo trabajo nos han dado ustedes buscándolos por la vecindad!

Polizonte: ¿De manera que éstos son los fugados?

Galancete: Cuidado con el Criado, está armado…

Guardián 2° *(en tono de dulce reproche)*: ¡Cómo me has engañado, Jenaro! Nunca creí que te fugarías. Nunca. Te imaginaba un loco manso y tierno. ¿En qué belenes te has metido, hijo mío, en qué belenes?

Marido *(dirigiéndose a* Galancete*)*: ¿Ve esos dos zaparrastrosos? A pesar de su indigna apariencia, son criados de mi estancia.

Galancete: Cuidado que tienen pistolas.

Guardián 2° *(tomándolo de un brazo a Jenaro)*: Supongo que no pretenderás atentar contra la vida de tu padre, ¿no, hijo?

Marido *(a* Guardián 1°*)*: ¿Cómo marchan los asuntos de la estancia, Pedro?

Guardián 1°: Muy bien, señor. Vamos, si quiere.

(Salen los cinco fantoches y queda únicamente en escena el Galancete. *Se incorpora en el lecho y se mira al espejo del ropero.)*

Galancete: ¿Quiere creerme? No termino de comprender todavía qué ha ocurrido aquí.

Polizonte: Es sencillo. El loco... el que hablaba de sus estancias...

Galancete: Sí, el que hacía el papel de marido.

Polizonte: El mismo, tiene la manía de creerse marido engañado. Cada vez que se fuga del manicomio hace la misma operación: sigue por la calle a la primera pareja que encuentra interesante; luego visita al hombre y se declara marido de la muchacha... Algunos...

Galancete: Pues por un momento, aunque le parezca mentira, me ha quitado la respiración.

Polizonte: ¡Oh! No me parece mentira. No.

TELÓN

Un hombre sensible

Burlería

Personajes

Rentista
Dactilógrafa
Empleado 1°
Empleado 2°
Rosma
Mozo

ESCENA I

Nueve de la mañana. Ventana enrejada con barrotes de bronce y portezuela papelera. Moblaje de acero cromado, máquinas de escribir, ficheros abiertos, planillas reticuladas de líneas blancas, azules y rojas. Una dactilógrafa y dos mozos amargados, amarillos de nicotina y trasnochados. Un niño para los mandados, larvático y grandulón, va y viene acarreando nauseabundos cafés. Los covachuelistas catan el brebaje y maldicen al cafetero, a la empresa que los alquila y a la madre que los echó al mundo. Luego sumergen las testuces en las sábanas de papel y números y por momentos mueven los brazos con incoherencia de peleles.

Rentista: Buenos días, señorita; ¿no llegó Rosma?

Dactilógrafa: No... pero llegará dentro de un rato.

Rentista *(fingiendo indignación)*: ¿Cómo es posible que no haya llegado todavía? Son las nueve y media. Y a las nueve y media todo empleado que se respete debe estar en su puesto.

Dactilógrafa: Sí, pero no ha llegado. Por lo general nunca viene antes de las diez de la mañana…

Rentista: Eso significa que ese miserable está mucho mejor que yo, que vivo de mis rentas. ¿Cómo tolera semejante cosa su patrón?

Dactilógrafa: Nosotros no tenemos patrón. Ésta es una compañía anónima. ¡Y con directorio en Nueva York!

Rentista: Tanto peor, tanto peor, señorita. ¿Cómo tolera el gerente semejante falta de puntualidad en mi amigo Rosma?

Dactilógrafa: No sé, señor. Venga más tarde.

Rentista: ¿Cómo "Venga más tarde"? ¿Y si no se me da la gana de venir más tarde? ¿Es así como usted atiende al público?

Empleado 1°: ¡Oh! ¿Cómo está, señor rentista? No lo había visto. ¿Busca a Rosma?

Rentista: Sí… Quería tomar el café con él. Y me costeo hasta aquí, y resulta que el señor Rosma no está.

Empleado 2° *(acercándose a la reja de bronce con gesto de gato que husmea un pescado)*: Nunca viene antes de las diez.

Rentista: Y le estaba diciendo a la señorita cuán vergonzoso es que una compañía semejante tenga un gerente que le permite venir tarde a sus empleados. Yo vengo a buscarlo a mi amigo Rosma, porque me aburre tomar el café solo como una ostra, y mi amigo Rosma no está. ¿Y por qué no está? Simplemente... porque el señor Rosma viene a trabajar a las diez de la mañana. ¿Y por qué viene a trabajar a las diez? Porque el gerente es un irresponsable que no obliga a su personal a venir a trabajar puntualmente a las ocho de la mañana.

Dactilógrafa: El señor Rosma llega a las diez de la mañana porque se va a las ocho de la noche, mientras que nosotros nos vamos a las seis...

Rentista: Está mal eso. Indica desorden. Un empleado excelente, cuidadoso de los intereses de sus patrones, debe realizar su trabajo dentro del horario establecido. Además, Rosma es un hombre joven y robusto. Debía entrar a la oficina a las seis de la mañana y salir a las ocho de la noche. Le sobran energías, y las fuerzas que no se gastan trabajando noblemente se desperdician en pensamientos pecaminosos.

Empleado 1°: ¿Y usted no trabaja...?

Rentista: Yo... yo pienso...

Empleado 2° *(irónicamente)*: No deja de ser un trabajo...

Rentista: Lo que sucede es que mi amigo Rosma tiene el temperamento de un vago. Y la vagancia, no le quede duda, señorita, engendra malos pensamientos. Por otra parte, nunca una empresa le exige demasiado trabajo a sus empleados.

Empleado 1° *(arrugando el ceño)*: ¿Qué dice usted...?

Rentista: Digo que ustedes deberían estar trabajando con más entusiasmo y energía para la compañía. Piensen en los pobres accionistas. ¡Tan lejos! ¡En Nueva York! ¡En Estados Unidos! ¡Nobles y confiados! Cuando invirtieron sus capitales en las acciones de la empresa pensaron: "Allá en la América del Sur corresponderán a nuestro desinterés. Nos ayudarán. Se sacrificarán". *(Patético.)* ¡Oh!, nunca piensa nadie en los accionistas. ¡Qué terrible es la vida! Todo es egoísmo... Sí, señorita, egoísmo... interés... Y jamás pensaron que un bicharraco llamado Rosma podía malgastar su tiempo.

Dactilógrafa: Y como el señor Rosma no ha llegado, tendrá la bondad de venir más tarde, porque nosotros tenemos mucho que hacer. *(Mutis de Rentista.)*

Dichos.

Empleado 1°: Ese tipo viene a tomarnos el pelo a nosotros...

Empleado 2°: No le deseo nada más que se rompa una pierna.

Dactilógrafa: ¿Se fijaron que todos los amigos del señor Rosma son un poco tocados...?

Empleado 1°: Cierto... Tiene algo de chiflado éste...

Empleado 2°: ¡Y es muy amigo de Rosma...!

Empleado 1°: Sí, son amigos, ¡pero, qué amigos! Se los regalo.

Dactilógrafa: Les digo que ese tipo viene a burlarse de nosotros.

Empleado 2°: Cuando llegue Rosma le voy a decir que le avise a ese perro que no venga más por aquí, si no quiere que le mandemos un tintero por la cabeza. Es lo único que falta. Que venga a "cacharlo" a uno que trabaja. Y todavía con ese gestito: "Tienen que trabajar con más entusiasmo". ¡Te parta un rayo...!

ESCENA II

Sin saludar a nadie, hosco y mal lavado, entra Rosma *a la oficina.* Rosma *tiene hocico tierno de cachorro "brillterrier" y pelo rizoso. De mala manera cuelga el sombrerito jovial de una percha, luego adusto, para evitar conversaciones, se inclina sobre su escritorio de acero cromado y extrae unos legajos que comienza a leer con cara de quien va a terminar por estallar en maldiciones contra todo lo creado, divino y humano.*

Empleado 1° *(risueño)*: Mirá la cara de sueño que tiene.

Empleado 2°: Si lo encuentra al Rentista lo saca a patadas.

Empleado 1°: Debe haberse pasado la noche jugando al "póker".

Empleado 2°: Por la "bronca" que trae, parece que perdió...

Dactilógrafa: Señor Rosma: vino su amigo...

Rosma: Que se vaya al diablo...

Dactilógrafa: Estuvo protestando como diez minutos porque usted llega tarde...

Rosma *(avanzando el hocico como amagando un tarascón)*: ¿Qué dice?...

Dactilógrafa: Quería verlo al gerente para quejarse de su falta de puntualidad.

Rosma *(frunciendo prodigiosamente a reír)*: ¡Se necesita desfachatez!...

Escena III

Dos de la tarde. El resplandor solar se mete por los rincones y centellea en los cielos rasos. Las piezas niqueladas de las máquinas de escribir centellean, las hojas de papel deslumbran, los covachuelistas se inclinan junto a las planillas, soñolientos y agrios, regoldando el almuerzo, y desfondando, al sumar a puñetazos, las teclas de las Burroughs. La oficina parece una sucursal de presidio laico, con sus tipos con el pelo caído encima de la frente y la amarilla musculatura de los brazos, remando en los vastos infolios. El párvulo que sirve los cafés se suena las narices y hace con su bandeja más ruido que un gong desesperado.

Rentista: Buenas tardes, señorita. ¿Quiere llamarlo a Rosma?

Dactilógrafa: No llegó todavía.

Rentista: ¡Pero esto es monstruoso! ¿Cómo es que no ha venido si son las dos de la tarde?

Dactilógrafa: Por lo general viene después de las tres.

Rentista: ¡Oh, pero esto no tiene nombre! De manera que la empresa le paga un sueldo a este señor para que no venga nunca a trabajar...

Dactilógrafa: Viene a trabajar... pero se va más tarde y viene más tarde.

Rentista: Es una vergüenza, Así como suena. ¡Y ustedes sacrificándose como esclavos!... y él... posiblemente a esta hora estará durmiendo la siesta, roncando como un cerdo. ¡Y son las dos y cuarto!

Dactilógrafa: Sí, pero él viene a las tres.

Rentista: ¿Y el gerente no toma medidas? ¿Qué gerente tienen ustedes? ¿Cómo es posible que el gerente no ponga coto a la desenfrenada vida de Rosma? ¿No se lo puede ver al gerente?

Dactilógrafa: El gerente también viene después de las tres...

Rentista: ¡Oh, pero esta es una compañía absurda! Yo tendré que escribirle una carta al directorio en Nueva York. Un gerente es como un capataz de negreros, ¿sabe, señorita? Un gerente está precisamente para hacerle mover diligentemente los pies a los empleados, ¿sabe?

Dactilógrafa: Bueno, si no quiere venir después de las tres, no venga.

Rentista: Después de las tres... después de las tres. Cualquiera diría que Rosma es un millonario para venir a trabajar después de las tres. Pues no es millonario, señorita. No. Rosma no tiene donde caerse muerto. Y tendría que venir a trabajar a las dos. No a las tres. ¿Dónde quedan las jerarquías si Rosma viene después de las tres? ¿Qué placer puedo encontrar yo en vagabundear si Rosma, que no tiene mi fortuna, puede permitirse el mismo lujo? Es espantoso, simplemente espantoso, lo que ocurre. Cada vez los pobres trabajan menos. No hay disciplina ni se respetan las jerarquías. Es vergonzoso, créame, señorita.

Dactilógrafa: Tengo que atender mis quehaceres. Si puede, venga después de las tres.

Rentista: Aunque no tengo nada que ver con esta empresa, por solidaridad de hombre de dinero me veré obligado a informar al directorio de lo que ocurre aquí. Esta no parece una oficina, sino una "boite". Y a Rosma dígale que lo espero a las tres en el café de la esquina. *(Mutis de* Rentista.*)*

ESCENA IV

Cantan los pajaritos entre los abanicos de follaje verde y perezosamente cae una que otra hoja sobre el mármol de las mesas veredreas. Desocupadas que tragan sorbetes y chopes y ojos adormilados mirando con dulzura las fachadas cremosas de sol y el humo azul de los cigarros. Pasan mujeres envueltas en muselinas livianas. Chillido de autos, klaxons y desdichados que mercan papagallos de caucho, corbatas inarrugables y ratones de hojalata. Es la hora dorada de la cuarta ciudad del mundo. Rosma *avanza hacia* Rentista, *que sigue con expresión aburrida la accidentada marcha de un perro que levanta una pata junto a cada árbol.*

Rosma: Estuviste buscándome...

Rentista: ¡Es una vergüenza!...

Rosma: Che, haceme el favor, no les hagas chistes a los empleados. Eso de tomarle el pelo a pobre gente que trabaja brutalmente... Menos mal que cuando empezaron a hablarme mal de vos les puse cara de perro y no siguieron. Pero no hay derecho. Si te aburrís, metete a un cine...

Rentista *(con expresión de ingenuidad)*: ¿Y se dieron cuenta?...

Rosma: ¿No se van a dar cuenta?...

Rentista *(compungiendo el semblante)*: Realmente, che Rosma, es dolorosa la vida de los empleados...

Rosma *(escrutándole el rostro)*: ¿Te haces el compasivo?...

Rentista *(ensayando un gesto trágico)*: A veces reflexiono en tu existencia, Rosma. Aunque no me creas. Pienso en vos y me digo: Toda la juventud de mi querido amigo Rosma se consume entre las cuatro paredes encaladas de una abominable oficina...

Rosma: No me eches a perder el café...

Rentista *(evidentemente gozoso)*: Trato de ponerme en tu lugar, olvidarme de mi riqueza, pero no puedo. Sin embargo, una voz arcana, misteriosa, exclama en mis oídos: "Mientras rellenas tu vida de satisfacciones muelles, los años pasan para Rosma con la velocidad de los postes telegráficos frente a las ventanillas de un tren. A veces, aterrorizado de lo baldío de su existencia, Rosma volverá la cabeza hacia atrás, contemplará su juventud gastada entre las cuatro paredes de la oficina detestable y un escalofrío le paralizará los ventrículos del corazón. Y Rosma se dirá: ¿Qué he sacado de la vida? Únicamente la honorable satisfacción de trabajar para un directorio invisible, año tras año. La satisfacción de haberle dedicado mi florida juventud. ¿No es terrible semejante certidumbre?." ¿No te dan ganas de matarte?...

Rosma *(adusto y con ganas de reírse)*: Lo que me dan ganas es de matarte a vos...

Rentista *(cada vez más fúnebre y declamatorio)*: Te imagino solo en un cuarto, Rosma, contemplando las grietas de un cielorraso al tiempo que pensás: "Mientras yo vivo en la pobreza, ese canalla de Rentista se pasea y escucha a los pajaritos que cantan en lo verde, y recibe las miradas resplandecientes de lánguidas mujeres..."

Rosma: Me dan tentaciones de partirte la cabeza con esta jarra...

Rentista: Y una tristeza mortal ha de enfriarte los ventrículos, Rosma, y la oficina ha de parecerte más sombría y tétrica que el sótano de un presidio.

Rosma: ¿Decime... me has traído al café para divertirte a mi costa?

Rentista: No, porque te miro como a un hermano. ¿Y un hermano se podría divertir a costa de su otro hermano? No. Lo que pasa es que soy un hombre sensible, Rosma. Por ejemplo: esta tarde. Esta tarde hace un calor terrible. Yo sé que vos pasarías la tarde sentado aquí oyendo cómo aún cantan los pajaritos. Sin embargo, como tenés que trabajar no podés quedarte escuchando a los pajaritos e irás a embutirte en la abominable cueva. Yo, en cambio, tomaré un automóvil y me iré a pasear a Palermo. No me interrumpas, escúchame. Yo podría vivir sumamente feliz si vos no existieras sobre el planeta. Pero pienso: "Rosma, con el cogote sudoroso, con los sesos abombados de cifras, se derretirá sobre una planilla inmensa como una sábana y entonces se me amarga la felicidad de escuchar el canto de los pajaritos en lo verde, y pienso que debías morirte, Rosma..."

Rosma *(estirando la cabeza como perro que amaga un tarascón)*: Por qué no te vas...

Rentista *(compungiendo la voz como si estuviera por llorar)*: Debías morirte, Rosma. Y yo sería feliz. Pensaría: "Rosma ya no padece sobre un desierto de papel cuadriculado. Rosma ya no lidia con montañas de cifras. No. ¡Rosma ya goza de la paz eterna! Su florida juventud se pudre bajo nueve pies de tierra fresca. ¿No es una felicidad estar enterrado, Rosma, en vez de hacer juegos malabares en las teclas de la Burroughs, con pilas de números? No me interrumpas, por favor, que soy un hombre sensible. Y yo pasaría en automóvil y..."

Rosma *(riéndose):* ...y escucharías cantar los pajaritos en lo verde...

Rentista: Exactamente eso. Y pensaría: Nunca el pobre Rosma gozó en su vida terrestre del cantar de los pajaritos porque su juventud florida se marchitó en uña lóbrega covachuela. Jamás le amó una mujer de gestos lánguidos y pupila resplandeciente, porque él no era hombre que a cambio de una sonrisa podía regalar un automóvil. Vivió únicamente para producir utilidades a un directorio invisible cuya sede oficial estaba constituida en la Séptima Avenida de la ciudad de Nueva York.

Rosma *(furioso):* Aunque se diga con risas es cierto...

Rentista: Cada tres años le aumentaban quince pesos de sueldo y su gerente se creía todavía con derecho a la gratitud y al reconocimiento de esta bestia de carga. Le quedaba únicamente tiempo para comer, dormir y leer los periódicos de la mañana y de la noche, pues sin este requisito, Rosma se habría convertido en un idiota perfecto, y entonces su trabajo hubiera carecido de la eficiencia que requería su especialidad. No me interrumpas, Rosma. Y yo, recordando tus virtudes, me enternecería y diría: "Rosma fue bueno. Rosma fue equitativo".

Rosma: Te prevengo que prefiero no pensar.

Rentista: Con decirte que me dan escalofríos cuando pienso que la suerte pudo haberme condenado a pasar la juventud en una oficina, mientras que otros se divierten… ¡Y año tras año! Si todavía fuese a plazo fijo… ¡vaya! Uno se divertiría… pero para toda la vida… ¿Has medido la magnitud de esa condena, querido Rosma? ¡Toda la vida! Tener que trabajar toda la vida en una oficina. Cincuenta… sesenta… setenta años…

Rosma: Te propusiste amargarme el café y lo conseguiste…

Rentista: Con decirte que me emociono y pregunto al mismo tiempo: "¿Qué pecado cometió mi querido amigo Rosma para que este castigo pese sobre él?" *(Bajando la voz.)* Decime, hermano… : ¿no te dan ganas de incendiar la oficina?

Rosma *(mirando precipitadamente el reloj)*: Che, me voy a trabajar, que es tarde.

Rentista: ¡Oh! ¿Y qué voy a hacer yo? Quedate un rato más.

Rosma: No es posible, me voy...

Rentista: ¿Querés que vaya a promoverle un incidente al gerente por tiranizarte en el empeño de tus funciones?...

Rosma: ¿Estás loco? Es lo único que falta. Que me compliques la vida en la oficina. Y haceme el favor... no pongas más un pie por allí...

Rentista: ¿Y qué hago yo? Me aburro. No sé dónde meterme.

Rosma *(levantándose)*: Suicidate. Estudiá inglés.

Rentista *(reteniéndolo por una manga)*: ¿Y para qué quiero yo saber el inglés?

Rosma: Bueno, me voy a trabajar.

Rentista: ¿No querés que te acompañe y promueva un incidente con el gerente?

Rosma: Hasta luego.

Rentista *(solo, ante los pocillos vacíos de café)*: ¡Qué terrible es la vida! *(Mirándolo al mozo, que cuenta las monedas.)* ¿Poca propina, eh?...

Mozo *(cara de cómico avinagrado)*: Tan poca que ya ni alcanza para morirse de hambre...

Rentista: Y muchas veces trato de imaginarme, etc., etc., etc., la vida de un mozo, etc., etc., etc., y como soy un hombre sensible, etc., etc., etc., no puedo menos de ponerme en el lugar, etc., etc.

TELÓN

Se terminó de imprimir en el mes de
octubre de 2004 en Imprenta de los
Buenos Ayres S.A.I.C., Carlos Berg 3449,
Buenos Aires - Argentina